引爆
内容营销

刘伟 著

IGNITE

Content Marketing

中国工人出版社

图书在版编目（CIP）数据

引爆内容营销 / 刘伟著. —北京：中国工人出版社，2021.12
ISBN 978-7-5008-7789-9

Ⅰ.①引…　Ⅱ.①刘…　Ⅲ.①网络营销　Ⅳ.①F713.365.2

中国版本图书馆 CIP 数据核字（2021）第250476号

引爆内容营销

出 版 人　王娇萍
责任编辑　孟　阳
责任印制　黄　丽
出版发行　中国工人出版社
地　　址　北京市东城区鼓楼外大街45号　邮编：100120
网　　址　http://www.wp-china.com
电　　话　（010）62005043（总编室）
　　　　　（010）62005039（印制管理中心）
　　　　　（010）62382916（工会与劳动关系分社）
发行热线　（010）82029051　62383056
经　　销　各地书店
印　　刷　北京盛通印刷股份有限公司
开　　本　880毫米×1230毫米　1/32
印　　张　7.625
字　　数　150千字
版　　次　2022年1月第1版　2022年1月第1次印刷
定　　价　49.00元

自　序

内容营销的“内卷”

回首过去十三年，我竟走了好几条路。

我硕士毕业后有一份非常安稳体面的工作，但不到半年我就提了辞呈，理由是“可以清晰地预见自己十年后的样子”。直属领导震惊于我的冲动，他们很好奇这个“不靠谱”的男孩十年后究竟会变成什么样子。自此，每年年终多了一项任务，即进京为他们汇报全年工作。我冲动离开是因为一个进外企工作的机会——成为当时全国发行量最大的女性时尚杂志的编辑。那份工作实在光鲜，接触的都是高级餐厅、顶级酒店、时髦服饰、最新款的电子产品等，不到30岁，我就采访了国内外各界逾百位名人、大家，眼界大开。那段日子真是无忧无虑，不用想未来，坚守“诗和远方”的文艺气息。

30岁生日一过，有一天早上我幡然醒悟：“当下所有的光环都是平台给的，没了那张名片，我什么都不是。”那种不安全感容易让人慌乱，而人一慌乱就爱“乱出牌”，常常把支离的线索当作创造财富的机会。出口贸易、商业地产、医美、娱乐经纪、自媒体、心理工作坊、电影编剧，甚至国内外高端定制化旅游等，我都参与过，常常自我怀疑："敢问路在何方?"

就这样折腾了三年，因为一次偶然的机会，我进入如火如荼的互联网领域，也是在那时领受了全然不同的思维方式。转型是痛苦的，因为要自破藩篱，放下各种"自以为是"。

很久以后重读一位我非常尊崇的文化评论人林谷芳的《生涯四境》，多处相应。他说——

匠人之境，尽其一事，具现功夫；

艺人之境，映现风格，挥洒情性；

文人之境，吞吐诸方，得其丘壑；

道人之境，即此安顿，立处皆真。

林谷芳认为生涯四境是生命功课的观照之本，锻炼之基。我本科学数学，研究生读新闻传播，在央企、外企待过，欢喜出入无碍，却常"流于空疏"。好在互联网企业的锤炼，让人沉潜，褪下躁气，开始学着冷眼看市场。

同期，读到财经作家吴晓波的《激荡十年，水大鱼大》中一段话，感触颇深。"中国每天有1万家新的创业公司诞生，它们中的90%会在18个月里失败。在淘宝平台上，活跃着600万名大大小小的卖家，他们不分昼夜地叫卖着自己的商品。在政府的鼓励之下，全国各地出现了8000多家创业孵化器。在每一个星巴克咖啡店里，每天都有人开着电脑，热烈地讨论一个又一个稚嫩却野心勃勃的计划书。”① 这个社会从来不缺概念、信息、噱头，纷繁之下焦虑涌动。

2020年，更多的企业开始正视数字化内容营销，企业或主动或被动地布局相关项目。内容营销、数字营销、私域流量、直播带货、KOL（Key Opinion Leader，关键意见领袖）、KOC（Key Opinion Consumer，关键意见消费者）……这些词成为热词。市面上帮助企业解决相关问题的技术、方法多到眼花缭乱，如“打造私域3步骤，业绩提升×××”“爆品增长的5个秘密”“打造抖音爆款的9个方法（只要9块9）”。社会上有各种各样的行业，纵使是同一个行业，每家企业的模式、所处阶段也不尽相同，真的存在一个万能公式吗？如果这个方案你能用，你的竞争对手也能用，那它还算有效方案吗？

这些原点问题，只要不停地自问，就会有答案。所以，企业缺的不是技术、方法，缺的是沉下心来搞“战略上的勤奋”，缺的是结合业务现状，甄别供应商好坏的能力。经济学者、上海交通大学教授何帆在2019年出版的《变量》一书中谈及技术创新的部分：“至少在技术创新的初期，寻找应用场景才是更重要的。最适合中国市场环境的战略应该是充分发挥群众的力量。当人们都在追捧互联网等新兴产业的时候，我发现，传统产业的潜力可能被低估了……旧的不一定是过时的。旧事物中同样蕴含着创新的基因，新的不一定

① 吴晓波. 激荡十年，水大鱼大[M]. 北京：中信出版社，2017.12.

是更好的，甚至新的并不一定是新的。创新不是简单的弃旧扬新，而是不断地回到传统，在旧事物中重新发现新思维。”①

现代管理学之父彼得·德鲁克（Peter Drucker）认为企业只有两个基本功能，即创新和市场营销。营销战略家、定位理论创始人艾·里斯（Al Ries）说得更狠，“企业的唯一职能是开创并主导一个品类”。很多人质疑这些经典的营销理论对于这个时代的实用性，我的答案是——它们并没有过时，也不会过时，因为它们来自商业本质，并释放了本质的威力。商业的本质是利他，要为他人创造价值。而内容营销于商业而言只是一种手段或者工具，手段和工具会变，但这些理念经得起时间和空间的考验。

举个例子，如果你想做一款袋泡茶，加入“打倒立顿”的新消费品浪潮，你还是要按照市场营销战略三要素（STP），即市场细分（Market Segmenting）、目标市场（Market Targeting）、市场定位（Market Positioning），先把袋泡茶市场的上下游做细致切分，基于目前手上有的核心能力（如制作茶粉、冷萃等先进工艺）选中目标市场（如做年轻白领的“口粮茶”），再针对选中的这一块市场做定位，创造新品类（如为需频繁出差的年轻白领定制的小包装冷萃茶），然后结合4P理论，先做产品定价（Price），再生产打磨产品（Product）、布局渠道（Place）、制定可落地的营销策略和动作

① 何帆. 变量：看见中国社会小趋势[M]. 北京：中信出版社，2019.1.

(Promotion)。大家天天被灌输的 KOL 种草、直播带货、企业自播等，只不过是最后一个环节（Promotion）的具体动作。没有之前的细致调研、环环相扣的生产流程，具体动作不复存在。

本书的重心不在于深究具体的运营技巧，而是提倡回到商业、业务的本质，思考如何结合你的业务，分析内容营销方式，布局数字营销。只有深刻洞悉你的业务特性，才有可能作出清晰的策略，选对适配工具，进而精细化运营。

在本书的第一章里，我们讨论企业、用户、产品三者的关系，以及结合新零售语境，分析大家最关心的“增长”问题；在第二、三、四章里，我们讨论了如何通过内容营销，在时下最热门的九大内容社区平台［服务号、订阅号、微博、小红书、知乎、抖音、快手、B 站（即 bilibili)、视频号］，即流量池中依靠自建账号、付费合作、赚得口碑（用户自传播）三种传播方式，引爆业务增长；在第五、六章里，我们观察了微信私域生态，从“清晰的策略、好用的工具、精细的运营”三个角度，讨论了企业业务是否有必要布局私域以及如何布局这两个话题。

这两年网络上有一个词很火——内卷。它指的是一种内部过度竞争的状态。流行背后体现的是人们在当下这个时代的焦虑。其实内卷不是什么新鲜事，它一直存在，而打破内卷最好的方式就是“回归原点，自破藩篱”。对于企业而言，内容营销、数字营销早就“内卷”成麻花了，是时候换一种方式重新思考了。

目　录

第一章　不懂商业，谈什么营销

做营销就是花钱，这是企业中不少人的观念。

花钱没问题。会花钱，是本事；花了钱，办了事，是大本事；不花钱或者敢花大钱办了大事，是极大的本事。

前两种都不难理解。为什么说“不花钱或者敢花大钱办了大事”是很高的境界？不花钱能办成大事，这个营销负责人一定很懂得“借力打力”，是撬动资源、玩杠杆的顶尖高手！而敢花大钱的，首先，他能说服老板拿到大钱，这已经是本事了；其次，他真把事情办漂亮了，说明他清晰地洞察了业务本质，掌握了规律，帮公司高效地赚到了大钱（仅凭运气的，不在此讨论范围内）。

不少营销人，还只停留在“花了钱，办不了事”或者“办了事，但说不清为什么能办成”的阶段。其实，营销效果中就有很大一部分是难以量化的，因此，营销人要苦练一个基本功——不仅要做得好，更要说得清。要做到这两点，就要知道事物发展的来龙去脉，并且最好还能“站得高、看得远”。

说一个真实的故事。很多“80后”“70后”用过社交网站聚友网（MySpace），它其实比脸书（Facebook）早诞生很多年。2004 年，Facebook 刚起步，MySpace 的规模已经很大了。2010 年，Facebook 在美国的流量才超过 MySpace。两者都是做社交网络的，MySpace 先起步，先发优势明显，但最后却失败了，为什么？原因有很多，我们说一个底层逻辑。MySpace 做的是陌生人社交，Facebook 做的是熟人社交。陌生人社交和熟人社交随着时间和业务规模的推移，业务形态会发生根本性变化。一个用户留存一年，在熟人社交平台，他会有 15 至 20 个好友；在陌生人社交平台，他会有 100 至 150 个好友，差了 10 倍。但用户留存超过两年的数量，Facebook 也许是 20 至 25 人，而 MySpace 变化不大。随着时间再拉长，Facebook 的用户会慢慢追上 MySpace。只要产品周期足够长，Facebook 的价值一定会超过 MySpace。这是事物的本质决定的。2007 年，雅虎曾想花 10 亿美元收购 Facebook，这是一个比收购 MySpace 更高的价格，但创始人马克·扎克伯格（Mark Zuckerberg）经过深思熟虑后，选择不卖。截至 2020 年底，Facebook 的市值已超 7000 亿美元。如今看来，这是再正确不过的决定。

所以，凡事看得尽量清晰一点，摸清规律，不仅容易“做得好”，更容易“说得清”。

而要弄懂营销、做好营销，首先要弄清商业到底是怎么一回事。

理解商业，其实就是理解企业、用户、产品三者之间的关系。曾任百度产品副总裁的俞军在他写作的《俞军产品方法论》中关于

“企业、用户与产品三者关系”的核心看法是：企业、用户、产品，共同完成了“价值交换”的过程。企业以产品为媒介，与用户进行价值交换，达成创造商业价值的目的。在价值交换的过程中，并不是所有用户需求都能满足，一定有约束条件。企业能做的，是在给定条件下，选择满足哪些用户需求，创造哪些用户价值，以更多地促成交换，让企业有最高的边际收益率和 ROI（Return On Investment，投资回报率）。

拿 B 站的“观看视频”这个功能举例。用户想要的需求可能是所有的视频都免费观看，而且希望视频画质高清，任何时候都没有广告……对于企业来说，这些用户需求是不可能全部满足的。B 站付出的版权费用、雇用员工以及租用服务器维护的付出成本都算进来，如果把视频完全免费提供给所有用户，那 B 站一定是亏的。当然，你也可以想得更远一点：如果 B 站这么做，可以获得很多用户，长期看有可能通过获得的用户在其他产品上盈利。这时候就要很清楚地指出“其他产品”是什么，这也是一个约束条件。从整体上看，企业不可能满足用户不加约束的所有欲望，它要做的是通过产品这个媒介，最大化地创造“有利可图”的用户价值。

我们来看看 B 站具体是怎么做的。除了提供内部用户创作的视频，B 站尽量购买大部分用户所感兴趣的 ACG（即 Animation、Comics、Games 的缩写，是动画、漫画、游戏的总称）、纪录片、部分热播综艺、部分热播电视剧等内容的版权。基于 ROI 的考虑，对免费用户提供普通质量、部分购买过版权的视频；对付费用户提供高质量、所有购买过版权的视频。在这个过程中，企业和用户交换的显然不是 bilibili 这个 App，也不是视频内容，而是背后有限的、被企业选择过的“用户价值”。

说到底，企业通过产品（某个商品或者服务）这个关键媒介，以创造“用户价值”的方式，有选择地和用户进行价值交换。随着人类历史的发展，产生了企业这种组织形式，以产品为媒介，持续为用户和自身创造价值。企业、用户、产品，三者密不可分，洞察其中之一，必须结合另外两者。

第一节 理解企业

彼得·德鲁克认为企业只有两个基本功能，即创新和市场营销。艾·里斯认为创新是为用户提供一个恰好解决其需求的方案，这个需求是其他企业还没解决或者没解决好的。创新绝不等于发明创造，苹果公司创始人史蒂夫·乔布斯（Steve Jobs）说：“我没有创新，我的创新就是把各种事物整合到一起。”

企业的产品好不好，不是企业说了算，重要的是顾客心中的价值是什么，所以我们要从产品、用户的角度去理解企业。

1. 用户视角：你的企业为用户创造了什么价值

企业经营的本质，有很多种概括。从运营视角看，企业经营其实只干两件事：洞察客户需求、提升生产效率。

我们来举个例子。2020 年，“社区团购”被推上风口浪尖，零售业巨头纷纷加入社区团购的巷战。生鲜市场的社区团购做得风生水起。

有数据显示，2020 年中国生鲜零售市场规模突破 5 万亿元，其中菜市场占据生鲜零售渠道超过 5 成。菜市场非常有烟火气，但在现代人的生活习惯里，它早已是传统渠道。它在以下几个方面已经无法满足消费者需求：第一，便利程度。很多人家旁边并没有菜市场，最近的地方也许要走路 15 分钟才能到。第二，因为菜市场是摊贩制，消费者对食品安全的需求无法得到最大限度的满足。第三，即核心痛点，菜市场无法解决商品不够持续的问题。举个例子，如果你晚上 7 点下班再去菜市场，要么很多摊位已经收摊，要么摊位上就是被挑剩的、不好的生鲜产品。

除了最传统的菜市场，目前生鲜市场还有三种业务形态：大卖场，如永辉超市；社区小店，如谊品生鲜；社区团购，如叮咚买菜。它们在客户需求以及生产效率的提升上，都有各自的动作。

永辉超市给自己的定位是“绿色的，家门口的，新鲜的”。绿色讲的是食品安全，家门口讲的是去菜市场不如去家附近便利，新鲜讲的是早上七点开门，晚上九点半关门，这段时间海鲜水产持续供应。这些定位完全是基于用户需求的。另外，在生产效率上，它的供应链比菜市场高效很多，即直接跟生鲜基地洽谈，做到基地直采、统一品控、统一物流、统一损耗等。所以，相比菜市场，大型卖场往前迈了一大步。

相比大卖场，社区小店谊品生鲜把店直接开到了小区楼下，而且货品更便宜。光这两招，就把很多大卖场的客户分流了。另外，很多社区小店的供应链效率很高，甚至直接和采购方合伙，每一个品类找一个合伙人，比如，在一个二线城市的基地，它把整个城市的采购分成十个品类，每个品类找一个“王”，肉王、菜王、蛋王、米王等，然后跟这些“王”谈整体利润分成，因此货品质量很稳定且有价格优势。大卖场为什么很多货卖不过社区小店？因为前者的大采购成本比后者高，后者的采购方式是合伙人制，是有分成的。

最后来说说社区团购，如叮咚买菜、美团买菜。它们具有很强的科技背景，做到了以用户为中心去经营生鲜，同时具有真正意义上的用户（终端）触达能力。用户只要下了单，平台就自动记录了他/她今天买了什么，明天就可以给他/她推送一个相关的产品。这种洞察客户需求、触达客户的能力非常强，也是未来提升生鲜消费频次的本质能力。但这类公司在线下的供应链上有许多需要弥补的地方。

这就是生鲜赛道上，三种不同的企业形态在“洞察客户需求、提升生产效率”方面的做法。

社区生鲜做的是 To C 的业务，举个 To B 的例子。先说一下，什么叫 To C，什么叫 To B？有人说，C（consumer）是用户，B（business）是商家。在我的理解里，C是消费，B是产业或者生产。互联网时代，消费的用户是谁？往往是个人，他/她使用产品的场景比较简单，如地铁、飞机、高铁、家里等，刷刷视频、看看微博或头条，这就是场景。但是生产就很复杂了，它面对的是一个组织，如果你要服务一个连锁酒店，你的用户是谁？是CEO（首席执行官）、CFO（首席财务官）、店长、清洁工……所以本质上To B这一侧往往是一个组织，组织中有一堆人会用你的产品。

上海有一家公司叫扩博智能，它是典型的To B企业，最开始是以“无人机”为硬件载体做图像识别，有了技术之后开始选择应用场景。理论上，无人机的摄像头可以赋能很多不同行业，包括电缆巡检，桥梁巡检，农业勘探……但创始团队发现了一系列问题：看上去无人机能打遍所有行业，但如果像剥洋葱一样深挖其中的逻辑，会发现遍地都是伪需求。究竟是否选择某个市场，取决于这个市场是否真正拥有一个痛点，而且是不得不用无人机去解决的。最后扩博选了什么赛道？风电。在新能源发展的大环境下，风力发电一定是必经之路，全球差不多有五十万台风机，其中有三分之一在中国，后期运维预估是一个每年至少200亿美元的市场。最后，扩博单独切中“叶片巡检”这个行业痛点，通过技术深挖，不仅拿下国内外众多风电企业客户，2020年还利用资本的力量收购了两家丹麦风电企业，敢于在市场为自己“买时间、买机会”。

只有真切地洞察了用户需求，解决了他们的痛点，企业才有机会创造价值。在具体经营中，企业为了持续创造价值，要做的另一件事是提升生产效率，并远高于市场平均水平。

市场有交易费用，企业是节约市场交易费用的产物。只有企业内部组织生产的效率优于市场提供同等产品的生产效率时，企业才能可持续发展。企业是用什么提高效率、替代市场的？是掌握专业知识的员工，包括企业家本人、采购人员、人力资源人员、产品经理、研发工程师、公关人员、总代理、法务人员、运营人员等，自上而下，用自己的专业知识，在各个岗位上做出超过市场平均水准的更优决策。这些专业知识，就是企业的核心竞争力来源。所以，如果企业内部各关键岗位掌握的专业知识和共同知识超过市场平均水平越多，企业的效率优势就越大。而如果这些关键岗位的人才流失率高，专业知识和共同知识含金量较低，甚至低于市场平均水平，企业就没有竞争力了。

2. 产品视角：弄清商业“三要素”，产品大卖

从金融视角来看，商业的前提是合理利润，商业的本质是利润和风险的平衡。所谓的商业模式，说得俗气一点，就是一家企业持续赚钱的方式。不论科技怎么变化，商业模式怎么更迭，回到根源，赚钱的方式就三种：第一种是创造销售，这是最基本的模式，生产某个产品或提供某项服务，收取客户费用；第二种是低买高卖，这是原始的商业模式，常见于零售行业和金融领域；第三种是销售提成，此类方式变种最多，常见于平台型业务。

商业模式具有三要素，即客户价值、核心能力、收费模式。厘清三要素，会帮助我们判断公司的商业模式是否成立和靠谱。

客户价值：不论是做 To B 还是做 To C 的业务，首先要想的是“解决客户什么问题”或者“你打算满足客户什么需求”。

关于客户价值，常见的问题如下，但绝不仅限于——

（1）客户是谁？我们为客户创造什么价值？

（2）客户是 B 端（企业端）还是 C 端（用户端）？如果是平台型业务，业务到底属于供给驱动还是需求驱动？

（3）我们有多少客户？用什么指标衡量用户数量？其中有多少存量，多少增量？

（4）用户画像是什么样的？我们要服务什么特征、哪个层级的用户？

（5）用户的使用场景是什么？

（6）我们提供的价值会让客户选择我们吗？比如，你是做零售的，你的产品在“多、快、好、省”中占据了哪一个？

（7）我们提供的价值到底有多大？比如，对于 B 端客户，如果我们能给他更多订单是否会比提升他的经营效率更有价值？对于 C 端用户，我们的产品体验比市面上已有产品的体验好多少？对用户而言是否足够让他/她作替换决策？

核心能力：靠什么能力解决用户问题，同时能构建什么壁垒。比别人勤奋、比别人有创意、在某个领域很有经验……这绝不是核心能力，而是迷之自信。

关于核心能力，常见的问题如下，但绝不仅限于——

（1）做成这件事需要什么能力？

（2）为什么这件事、这个时间点，你能做成？竞争对手也具备的能力绝不是核心能力，要显著地赢过对手才行；

（3）如果有多项核心能力，各项能力的重要性如何排序？

（4）对长链条业务，你的核心能力到底体现在哪个环节？只有这一个核心能力就足以胜出吗？

（5）该业务在各个发展阶段的核心能力是否有所不同？

收费模式：到底怎么赚钱、找谁收钱？

关于收费模式，常见的问题如下，但绝不仅限于——

（1）目前的收费模式是什么？

（2）这个行业里的收费模式有几种？我们采用哪种？

（3）如果有几种不同的收费模式，每种收费模式对应的活跃客户数和收费价格、周期各是多少？

（4）未来收费模式是否会发生变化？

三要素中的核心能力很像大家常说的壁垒，企业发展的每一个阶段，需要建立的核心能力是不同的。大致说来，有六种壁垒。

硅谷创投教父、PayPal 创始人彼得·蒂尔（Peter Thiel）和布莱克·马斯特斯（Blake Masters）合著的《从 0 到 1：开启商业与未来的秘密》这本书中提到了四种壁垒：技术壁垒、规模壁垒、品牌壁垒、网络效应。前三种都好理解，这里说一下网络效应。网络效应指的是一种产品或服务，随着用户人数的增加，自己本身的价值也会增加。简单来说就是“用的人越多，产品越好用”。互联网时代拥有技术壁垒的公司越来越少，大家更倾向于做有网络效应的事情。

网络效应普遍存在于通信、社交等领域的产品中。由于网络效应的存在，这些领域通常是赢者通吃，无论是 Facebook、淘宝还是滴滴出行公司，都在网络效应上形成了防守能力。另外，网络效应有的是局部的，有的是全局的。比如，滴滴打车软件是司机和乘客组成的双边网络。但北京司机的加入，并没有办法提升滴滴打车软件在上海的体验，所以滴滴打车的网络效应是有地域性的，这也是美团可以从南京切入打车市场的原因。

除了上述四种壁垒，因为“互联网+”的普遍运营，数据也可以成为一种壁垒。在互联网时代下，无论是 B 端数据还是 C 端数据，都留存在平台。有了更多更好的数据，用户推荐会更加精准，用户黏性也会更高，留存和运营数据的能力就是一种壁垒，如基于推荐算法的今日头条。

除了这五种壁垒，有时系统或商业模式的复杂度或许会成为一种壁垒。有些技术壁垒很低、看起来很容易做的行业，一旦做大，运营精细化的壁垒非常高。大家都能做，但只有少数人能赚钱，比如，共享单车属于长链条业务，运营极其精细化，一般企业根本无法入局。

一家企业在初创期可以没有壁垒，但在成长过程中一定要逐步构建自己的壁垒。壁垒和竞争优势之间是有区别的，壁垒是“我有他无”，而优势是“我有，他也有”。团队再优秀、默契，顶多算竞争优势，而绝不是核心能力，更不是壁垒。

结合商业三要素，我们看两个案例。

共享单车是为了解决出行“最后一公里”这个用户的核心需求而诞生的产品。在共享单车上市之前，用户在出行的最后1—3公里的痛点包括：选择坐公交车或步行，不方便；选择坐出租车，不划算；自己购买自行车，不安全，还容易被偷。摩拜单车（后被美团收购，改名“美团单车”）首先解决了出行不便利的痛点，无桩自行车，随时可出发和停放，很便利；其次，考虑了用户的使用成本，单次和包月价格非常优惠，扫码后可立即骑走；最后，关于不安全的问题也被解决了，用户只需使用，无须购买。所以它的核心能力包括：第一，是市场先发者；第二，有资本助推，容易形成规模效应；第三，基于移动端有不少创新技术，用户使用方便，产品容易形成网络效应。

再来看一个案例。瑞幸咖啡公司曾认为用户需求是“让一二线城市的年轻人或者白领喝一杯有品质的咖啡”。早期瑞幸咖啡公司在宣传和推广中一直强调，这是来自全球最优秀的咖啡大师做出来的咖啡，十分专业，口感非常好。为了更好地让用户联想到它的高端品质，建立起情感联系，公司请了高端的代言人，如汤唯、张震。

它的广告语是“这一杯，谁不爱”，强调了咖啡和用户之间的连接。但实际情况是绝大多数人说选择瑞幸咖啡是因为“价格低，经常有优惠券”。用户与瑞幸咖啡之间的情感纽带并不是它预期的那样，这是典型的用户需求与产品定位之间的错位，会直接导致商业模式出现问题。因为你持续传导出去的价值并没有被用户接受，为了让用户始终对你保持关注，你只能不断地降低你的利润、不停地烧钱，且无法预测出“烧钱要烧到何时为止，才能有盈利”。当一家公司完全由外围资本驱动，没有任何内生的核心能力去创造可持续的用户价值，即使外表再轰轰烈烈，实质上很快会出现问题，瑞幸咖啡公司后来因为财务造假被调查。

第二节　理解用户

用户是自然人吗？以微信为例，一般的统计报告可能显示有 11 亿“用户”，如果把微信的其他功能（如支付、公众号、小程序、朋友圈、微信群）都删掉，只留下通信功能，它的用户数可能还是 11 亿，但它的商业估值可能就从 5000 亿元变成了 500 亿元。这种将用户定义为自然人的做法，显然在互联网产品上并不适用。

从产品视角来看，用户绝不是自然人，而是需求集合。不同产品满足用户不同场景下的需求，如果某个产品完全满足了某个用户在某个场景下的某类需求，那么就可以说此用户是该产品的一个用户。从需求的集合来看，一个自然人可以分别是成百上千种产品的不同用户，也可以是同一个公司不同产品的多个用户。比如微信，假如通信功能的用户是 11 亿人，微信支付的用户是 3 亿人，公众号的用户是 5 亿人，按需求来算，微信的用户数量就不是一般统计意义上的 11 亿，而是超过这个数。再比如，某公司说自己有 10 个用户人数（注册用户）过亿的 App，但注册用户不算真正的用户，有某类需求时他们是不是使用这些 App 来满足这类需求才是关键，所以从这个角度来看，这里说的 10 个注册用户人数过亿的 App，并不等于 10 个用户人数过亿的 App。两者看起来一样，但产品估值肯定相去甚远。

理解用户就是理解用户需求和用户行为。

我们说一个很常见，但大家常忽视的产品，看看企业是如何理解用户需求，并和用户进行有效沟通的。

插座行业中有个品牌叫公牛，公牛插座比普通插座的价格高很多。公牛插座公司跟消费者沟通时通常会说“我们外壳材料好，里面用的全是新黄铜，连接线里面比别家多了一根铜丝”，这样的沟通方式是大家最常掉入的坑，“材料好、用料足、是真材实料”这样的专业话语对于消费者来说没有概念。随着竞品越来越多，消费者会想找自己需要的那款。大家想过这些问题吗：为什么家里的插座多是男人买？为什么插座总被放到一个角落里？为什么家人打扫卫生时很少打扫插座附近？……因为，害怕！插座对用户的痛点是：不安全。公牛插座能否解决这个痛点呢？可以解决。因为它的产品是真的材料好、用料真。所以，公牛插座的定位成了“安全插座”。它跟用户沟通的核心思想是保护电器、保护人。这是精准的用户需求的痛点。

用户行为发生前，会接受一个情境的刺激，调用偏好和认知函数，产生一个主观的期望效用，促使用户产生相应的行为，追逐这个预期的效用。而行为会产生某个结果，这个结果又会成为经验，影响偏好和认知函数，从而可能对用户的下一次行为产生影响。

举一个用户行为习惯发生变化的例子。2020 年新冠肺炎疫情暴发前，大家对公共安全卫生的认知度很低，对“戴口罩”的认知也许是“只有传染病患者需要”“医护人员需要”等，即使感冒了，也很少主动戴口罩。但因为疫情暴发，所有人从被迫戴口罩到主动戴口罩，戴口罩这个行为因为宏观、微观场景的多重刺激，用户行为习惯已经彻底发生了变化。相信以后大众对公共安全卫生的重视程度会大幅提升，主动戴口罩出门的人会增多。

所以，企业在做商品或提供服务时，最简单的方式是选择具有合适偏好和认知的用户，因为不需要非常精妙的情境设计，就能促成用户行为。但更多的时候，为了业绩增长，企业需要非常巧妙地设计好各种场景，基于场景的营销、产品、补贴等合力促成了情境设计，而体验是建立偏好的认知最核心的手段，这是常用的套路。

1. 产品视角：怎么为用户提高价值

结合产品，有一个价值公式：

用户获得的价值=用户获得的效用–用户付出的成本

如果涉及产品对比，这个公式还可以写成：

用户价值=(新体验–旧体验)–换用成本

提升用户价值就是提高产品于用户的效用，让新体验最大化，让旧体验最小化，同时降低换用成本，三者互相影响。要让用户价值最大化，必须权衡三者，在当前约束条件下进行资源的最优配置。

这里先解释一下四个概念。

（1）效用

效用是指对于消费者通过消费或者享受闲暇使自己的需求、欲望等得到满足的一个度量，即人通过消费物品和服务来满足欲望的程度。效用是多样性的，包括但不限于金钱、情绪、时间、身体需求、心理、信念、归属感、认知等。关于效用，有四个很重要的经济学原理。

边际效用递减原理：一个人对于财富的占有多多益善，即效用函数一阶导数大于零；随着财富的增加，满足程度的增加速度不断下降，效用函数二阶导数小于零。举个例子，有的人赚到人生第一个 1000 万元时，通常非常开心，赚到第二个、第三个 1000 万元时，兴奋感会减弱很多，这就是边际效用递减原理。当然，边际效用递减程度也是因人而异的。

最大效用原理：在风险和不确定条件下，个人的决策行为准则是为了获得最大期望效用值而非最大期望金额值。

总效用与边际效用的关系：总效用是指消费者在一定时期内，消费一种或几种商品所获得的效用总和。边际效用是指消费者在一定时间内增加单位商品所引起的总效用的增加量。总效用与边际效用的关系是：当边际效用为正数时，总效用是增加的；当边际效用为零时，总效用达到最大；当边际效用为负数时，总效用减少。

需求定理：商品需求量和价格呈反方向变化。消费者购买商品是为了取得效用，对边际效用大的商品，消费者愿意支付较高的价格，因为按边际效用递减规律，购买商品越多，边际效用越小，商品价格越低；反之，购买商品越少，边际效用越大，商品价格越高。

举一个有关食物的例子来说明上述这些原理。假如我们流落荒岛，每天都需要补充能量，岛上有什么能吃的就吃什么，食物于我们是为了满足基本生存的需求。但如果你在大城市有一份体面的工作，食物于你的效用就丰富多了。你可以为了满足优质生活的需求，去进口超市买优质食材；你也可以因为社交的需求，选择既能享受环境又能吃到美食的高档餐厅；如果你老家是成都的，你还可以选择川菜餐厅，并由此产生归属感。简简单单的一个“吃”字，能演化出这么多层次的需求满足。这就是效用的多样性。

站在企业的视角来说，企业可以利用效用的多样性进行产品的定位。同样是卖橙子，“低价”“水分多”“甜度高”“产地”“包装好”“便捷”“有爱心”“反季节”都可以作为主打概念，一个橙子的概念甚至可以是一堆效用的组合。什么是边际效用递减？口渴时吃一个褚橙，感觉特别好吃，吃第二个时感觉也不错，连续吃了五个之后就再也不想吃了，褚橙于你的效用随着你每多吃一个橙子而逐渐递减。

（2）成本

这里主要讨论机会成本和交易成本。机会成本指企业为从事某项经营活动而放弃另一项经营活动的机会，或利用一定资源获得某种收入时所放弃的另一种收入。比如，对于顺风车司机而言，他自己要开车从上海回杭州，如果乘客正好顺路坐他的车，机会成本基本为零，所以顺风车的交易价格很低。

交易成本指完成一笔交易时，交易双方在买卖前后所产生的各种与此交易相关的成本。交易成本的本质是所有用户（买方）付出的但企业（卖方）没收到的成本，以及所有企业（卖方）付出的但用户（买方）没收到的成本。

企业与用户在价值交换的过程中，用户的获利是“效用减去成本”。而企业的获利是“收益减去成本”，即得到了用户的钱或时间(即用用户的时间、注意力、信息、态度等间接变现)，同时也付出了成本，大体可以分为直接成本和交易成本。在这里理解直接成本是产品的研发生产成本，其他所有为了达成交换而付出的成本都算交易成本。

理解了交易成本，你就知道了为什么很难吃垮自助餐餐厅。用户购买一份自助餐，付出了一次性费用，可以随便取食，很多人会吃到自己吃不下的程度，消费到边际价值为零。这样看来，食客很划算，其实不然。且不论食客的食量大小，一顿自助餐的服务节省了监督、度量、讨价还价、点单算账等交易成本，只要节约的交易成本大于浪费的食物成本，企业经营就是有利润且可持续性的。

（3）换用成本

换用成本其实是一个比较级概念，换用成本包括时间、金钱、获得成本、体力、精神、认知、使用习惯等。

我们从用户价值公式来说明换用成本，这里举两个例子。

上门洗车这项服务现在很流行，此时用户价值=(上门洗车体验-洗车房洗车体验)-换用上门洗车产生的成本。事实上，上门洗车的体验是否大于洗车房洗车的体验，这是个未知数，至少需要验证。如果上门洗车的体验小于洗车房洗车的体验，那么产品于用户的价值就一定是负数。在这个基础上，即使企业疯狂补贴烧钱，可能也很难把产品价值烧成正数，因为烧钱的核心是降低换用成本。用补贴虽然可以降低换用成本，但如果新体验和旧体验之差是负数，得烧多少钱才能培养好用户的行为习惯？

同样是烧钱，网约车的用户价值=(预约打车的体验-街上拦车的体验)-换用预约打车的成本。原则上说，预约打车节省了用户等候时间，提升了效率，不用在街头风吹日晒或者在淋雨的情况下等车，这个体验好于在街上拦车的体验。而当滴滴出行公司从出租车进入快车和专车业务时，这个公式甚至变成了用户价值=(快速打到车的体验-

很难打到车的体验）-换用预约打车的成本，这个括号里的价值是正向的，如果能够快速克服“换用成本”，那么产品价值将很快凸显。①

（4）用户体验

企业是否可以不计一切地提升用户新体验？答案当然是否定的。企业经营是为了取得合理利润，有利润就会有成本。所以企业在提供产品时，需要考虑的是效用与用户欲望的满足程度，大致可以分为四类：底线需求（不能低于这个底线），够用就好（不用高于底线），越多越好（用户愿意为此支付更大的代价），惊喜（超过预期或参照系，惠而不贵）。

底线需求，即用户期望的最低效用是“不能够低于什么样的底线”，如网约出租车司机不能有犯罪记录。对于这类效用，如果低于某个门槛，产品或服务就会被“一票否决”。

够用就好，即有一类用户需求对其满足程度的增加所产生的用户效用是呈边际递减变化的。企业可能花了很大代价把技术指标做到比原来的好上五倍或十倍，但用户感知的效用可能并没有什么增加，对于这类需求，只需要够用就好。均价150元的经济型连锁酒店，住户对房间的要求也许只是整洁、干净，对床品没什么要求，能睡觉就好。

越多越好，即有一些需求的满足对于用户而言是多多益善，这

① 俞军．俞军产品方法论[M]．北京：中信出版社，2019.12.

意味着用户愿意为更多的效用支付更大的代价。这类需求对于企业而言，做得越多，收获也会越大，理论上可以一直做到边际收入等于边际成本的平衡点，但是也要比较投入的机会成本。

惊喜，是指用户一般不会有的预期和要求，但你如果做了，会产生增量作用。比如，你过生日时去海底捞餐厅吃饭，餐厅会送你一份长寿面，所有店员还会为你唱生日快乐歌，对你而言可能是一份惊喜。做一些惠而不贵的惊喜，是性价比极高的创造用户价值的方法。

2. 企业视角：如何高效地满足不同的用户需求

企业在做产品或者提供服务时，最简单的方式是选择具有合适偏好和认知的用户，因为不需要非常精妙的情境设计就很容易促成用户行为。所以，如何精准地找到与产品适配的用户，是每一家企业在运营时面对的问题。企业面对用户时，通常会做一件很重要的事情——用户分层。用户分层看起来是一个很新鲜的概念，其实在传统的实体企业中早已默默用了许多年。

举个例子。一家公司附近的烧烤摊生意特别好，为什么？老板小刘很会做人。公司的张老板是烧烤摊的常客，每周都要来三四次，时不时还带一帮朋友，并且出手阔绰，消费不少。小刘特别感谢张老板，每次张老板聚会他都会多送两个小菜，结账时抹个零头，逢年过节还会准备一些土特产让张老板带回去。久而久之，他们成了朋友。李哥的儿子特别喜欢吃小刘家的羊肉串，所以李哥经常带儿子来，但有段时间李哥总是独自一人来，听他说儿子升了中学，放学太晚来不了。结账时，小刘就送了几串羊肉串给李哥，让他打包回去给孩子。李哥很高兴，之后每次来吃饭，都会多点10串羊肉串打包带走。杨小姐是附近公司的白领，因为工作忙，吃饭时间很赶，小刘向她推荐了他们的外卖服务，她点了几次觉得不错，就推荐给了同事，给烧烤摊带去了不少生意……凭借对很多客人的熟悉，小刘总能为不同客人提供他们想要的服务，不知不觉生意火爆起来，之后开了第一家门店，接着又开了分店，生意越做越大。

但问题也来了。以前只有几十位客人，很容易区别对待，现在生意做大了，客人数量少说过万，想要认识他们就需要花很多时间，更不要说一对一的服务了。于是，老板小刘请各门店店长整理了开业以来所有客人的信息，包括多久吃一次、几个人吃、点了什么菜、花了多少钱等，并且把这样的信息搜集工作日渐规范化。店长们给老板小刘发来客人的消费数据，他又找人把数据分门别类，整理成不同人群信息，在人群里，有数千个张老板、李哥和杨小姐。然后，他们设计了一套针对不同人群标准化的服务和推销方法，印成小册子发给所有店长，让他们照着做。没过多久，店长们纷纷反馈业绩上涨，客人们的满意度也提高了很多。

这种“见人下碟”的方法就叫用户分层，用户分层不仅能满足不同客户的需求，而且最关键的是能大幅提升运营效率。再举个例子。早年间麦当劳、肯德基的优惠券是需要剪下来拼在一起组成套餐的，那种小纸片优惠券很难用。但是，这两家餐厅是故意做得很难用的。它们通过这种方式把客户做了分层，把客户分成“对价格不敏感、对时间敏感的客户”和“对价格敏感、对时间不敏感的客户”，只有后者才会去拼优惠券，优惠券的本质是用户分层工具。如果没有这种工具，就会导致同一类产品只能服务一个很小的用户群，但因为有这类优惠券，无形中把用户群扩大了。

怎么给用户做分层？

画个坐标轴，横轴是时间，纵轴是价格，在不同的时间成本的情况下，每一个价格带都是一个小的市场空间，每一个小的市场空间里面，对应一个产品、一个定价、一种服务，也对应一个用户群，这个用户群是有对应数量的。

如果企业只圈中了其中一个小方块，但希望扩大用户覆盖度，有以下两种方式：

一是对新用户再做一个产品，沿用这个品牌或者干脆创立一个新品牌。有六十多年历史的五菱品牌，因“人民需要什么，五菱就造什么”的口号而广为人知。五菱品牌始终围绕用户需求迭代产品，生产过拖拉机、缝纫机、棉织机、微型货车，2020 年底又推出了针对“Z 世代”人群的电动车“宏光 MINI EV”，各种跨界“搞事情”，2021 年 1 月创下 36000 多辆的销量新纪录，产生了巨大的影响。

二是运用“常规定价法”和“优惠券定价法”，让整个业务可以覆盖两类人群，整个业务体量变大，占据了更大的需求空间和市场空间。通过这两种定价法，同一商品或服务能兼顾不同的人群。

刚才讲的是线下生意对于用户分层的做法。基于大体量数据的用户运营是互联网巨头们的强项。如果是电商产品，最需要做的是让用户付费购买商品；如果是社区产品，最需要做的是让用户贡献和传播内容；如果是工具型产品，最需要做的是让用户用后离不开。为了让运营策略更加有效，通常会对用户行为数据做分层处理。根据用户不同的消费倾向与消费偏好，有针对性地提供营销和服务，以极化用户价值。分层维度没有统一标准。不同目的、目标和不同业务属性，用户分层的维度都是不同的。最终表现出的可能是“用象限分层四类用户”，也可能是按“时间维度层次分类用户”，或者是依据“产品核心行为拆分各个环节的用户”等。比如，互联网基金产品的用户分层可以选取“用户意愿”和“用户属性（用户的投资专业程度）”这两个大维度。

选取了用户分层的大维度后，要做的事情是选取支持分层维度的相应标签。这里有个假设的过程，即假设这部分用户标签可以佐证用户分层的维度没选错，随着标签的选取以及支持标签的用户行为数据本身的验证，分层会逐渐调整、优化。所以，用户分层维度本身、支持用户分层维度的用户标签本身以及支持用户标签的用户行为数据本身，这三者是动态的。比如，在基金产品这一方面，关于用户专业程度强弱的标签可能是“之前购买过非货币基金”的用户，关于购买意愿的标签可能是“用户访问基金产品页面、购买流程的次数和频次”。

经过用户分层维度确定、用户标签提取、不同属性用户的不断测试产出，最后还是要落地到以业务目的为导向的结论上来。优先跟进其中潜在价值产出最大和最高的用户，如购买意愿较强的用户。对其他潜在价值较低的用户转化难度高，需制订计划逐步推进。最后，要做的就是提升运营效率，让精准运营规模化、产品化。在具体实践中，有时会在用户分层后继续做用户分群。比如，按照用户性别、年龄、城市、文化程度等分群，进行针对性的运营。

总结一下，用户分层运营的具体步骤包括：一是明确产品业务目标，二是拆分用户行为轨迹，三是找到分歧用户群，四是划分用户层级，五是基于目标和当下资源来制定产品策略，六是验证产品策略方案。

第三节　理解产品

1. 用户视角：用户最爱什么样的产品

产品是效用的组合，是用户需求的解决方案。产品的原点一定是帮助客户创造了价值，价值可以分成四类：一是帮助客户解决了什么样的问题，二是帮助客户降低了什么样的风险，三是帮助客户降低了什么样的成本，四是帮助客户创造了什么样难忘的体验。

解决方案越好，效用越高，用户就会买这款产品吗？不一定！还有成本因素。影响用户决策的是“相对价格”，它有一个公式，即相对价格=(直接成本+交易成本)/效用组合。我们说过，效用即用户获得的各种价值，具有很大的主观性。直接成本一般是钱、时间及产品的研发生产成本。其他所有为了达成交换而付出的成本都算交易成本。

用户作决策的约束条件是价值最大化。怎么让价值最大化？当然和要素的相对价格有关，某种要素的相对价格降低，用户就会多使用、多买。这就是相对价格的变化决定了不同的资源配置，进而实现价值最大化，对个人和企业而言都是一样的。技术、制度等的变化，会直接影响相对价格。比如，如果上网的费用降低，看视频、打游戏的人就会变多，这本质上是相对价格的变化。

再比如，海底捞为什么不敢随便提高价格？因为它认为翻台率更重要。如果涨价，客户数量会减少，虽然客户不用再排两小时的队，甚至排十分钟就行，但这样就可能有空台。海底捞宁愿以综合来说没那么高的价格让用户保持排队状态，同时保持很高的翻台率，多出来的利润可以给员工更高的工资，使员工提供更好的服务。大家排队时可以打游戏、处理工作、聊天等，排队的机会成本发生了变化，排队的相对价格降低了，从而影响了用户行为。

结合相对价格公式，我们多了一种看产品的视角。

根据信息不对称程度，有学者把消费品分为搜寻品（search product）、体验品（experience product）、信任品（credence product）三类。

搜寻品，即有品质、有保证的产品，只需要找到产品然后付款就行，如华为手机、格力空调等有品牌保障力的产品。因为企业的专业度和品牌保障力是众所周知的，我们相信购买后的绝对质量保障，买之前并不会担忧用几天就会坏等问题。购买搜寻品时，我们只需要直接找到这类商品，下单就行了。价格敏感型用户可能还会再比比价格，看看哪家的价格更优惠。

体验品，即需要亲自体验后才知道产品是否有保障，然后才能作出购买决策。比如，菜市场的西瓜、葡萄，要先试吃才知道甜不甜；服装是典型的体验品，尺码合不合适、颜色和肤色是否搭配，只有穿了才知道；大家都说某家餐厅好吃，但它是否适合你的口味，只有体验了才清楚。另外，服务业，如美容美发店、健身房，也属于体验品。用户需要先寻找、体验品质和效果，在货比三家后，才能做出效用最大化的选择。

信任品，即使用后或交易后也无法验证产品质量的一类商品。比如护肤品、保健品，我们不能用后就马上感知它的效果。此外，很多低频产品和小概率事件的体验，因为没有机会验证，所以通常依靠用户心智和想象来判断和作决策，比如乘坐公共交通出事故，打狂犬疫苗却得了狂犬病。这类商品需要卖方通过各种方式来增加买方对于产品的信任度，如请知名人士代言、树立品牌形象、展示用户使用评价、提供专家研究报告等。

回到本节最开始的问题，用户最爱什么样的产品？

微信创始人张小龙作过极其精辟的总结："当我们做产品时，我们是在研究人性，而不是研究产品的逻辑。逻辑本身没有什么好研究的，重要的是你的产品为什么是这样，而不是那样，这是对人性的分析。对用户需求的了解来自对于人性的洞察或者对人的渴望的洞察，不用去问一万个用户。我们经常说，什么是产品体验？一个字，爽；两个字，好玩。事实上，如果我们问用户，为什么喜欢用微信？没有一个人会说，它可以帮我省钱，或者帮我很方便地发短信。他们会告诉你，这个东西挺好玩的，或者用起来挺爽的。"①

2. 资本视角：投资人眼中的好产品是怎样的

俞军认为一个好产品具有三个属性：对用户有效用，对企业有收益，在商业上可持续。对用户有效用指的是对用户有价值，有收益是指产品必须让企业获利（可以是间接长期的），然后在可持续这个属性上达到用户利益和商业利益的统一，即追求长期利益最大化。

除去团队的考核，投资人进行项目评估时会考虑这么几个因素：

（1）新产品提供的用户需求解决方案，是否具有显著差异或者引发结构性变化

一个品牌的建立可以分为四步：明确产品的用户价值→确认品牌定位并让用户知晓→提升用户对品牌的信任→沉淀品牌资产。一个消费者购买一个产品（或服务）主要是想获得该产品的有形与无

① 张小龙编著，陈妍、张军主编．微信背后的产品观[M]．北京：电子工业出版社，2021.1.

形效用，有形的效用往往跟产品功能相关，即解决了用户的某个痛点；无形的效用囊括了用户精神各个层面的满足程度，产品的售后服务也属于无形效用。要得到这些有形与无形效用，消费者必须付出成本，两者相减就是用户价值。结合用户价值=(新体验-旧体验)-换用成本这个公式，一家企业如果要提升用户价值，可以从两个方面着手：一是增加产品对目标市场用户的有形或无形效用，二是减少买者所需付出的成本。

哈佛商学院教授迈克尔·波特（Michael E. Porter）被誉为“竞争战略之父”。他认为有三类战略很容易成功，即总成本领先战略、差异化战略和专一化战略。总成本领先战略是指公司在提供目标市场顾客一定的价值下，能够让顾客所需付出的成本比竞争对手低；差异化策略是指消费者在付出一定成本的情况下，企业能比竞争对手为消费者提出更符合他们预期的解决方案；专一化战略是指主攻某个特殊的顾客群、某条产品线的一个细分区段或某一地区市场。

什么样的产品或者用户需求解决方案，能入投资人的法眼？GGV 纪源资本执行董事于红在一次分享中说：“如果是比可口可乐更好喝的可乐，或者是比现有的方案好 10%的方案，这样的创业产品可以成功吗？我的答案是否定的。只有显著差异或者结构性变化的解决方案才可能是创业者的机会，也就是说要比现有解决方案好三五倍甚至十倍，要有质的变化。否则，如果是提升 10%、20%的改善性解决方案，那么会是现有巨头或行业领头羊的机会。”

（2）切中的是小市场，还是大市场

市场规模是投资人很关心的一个重要指标，当前商业模式下的市场规模总量由所涉及业务的市场存量和增速决定。

投资圈中常常会用一个四象限图大致判断你所做的业务到底属于大市场还是小市场。横轴是市场规模，纵轴是新旧需求。这样就可以切分出四个象限。

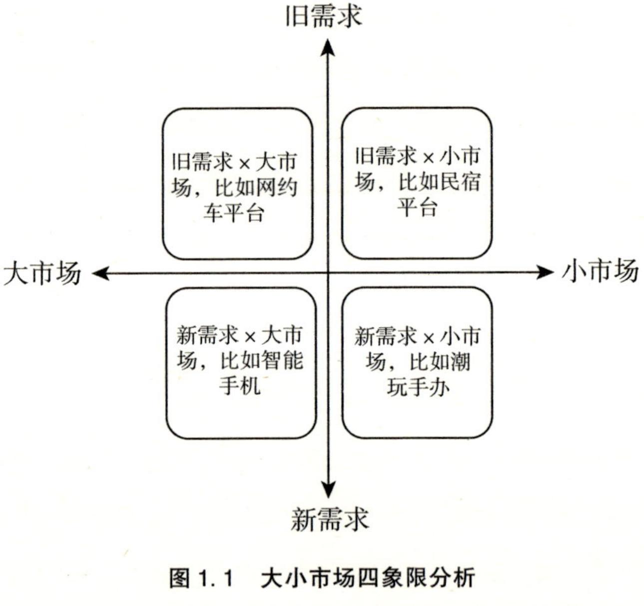

图 1.1　大小市场四象限分析

如图所示，第一象限是旧需求×小市场。如民宿平台爱彼迎（Airbnb），消费者出行有住宿需求，为了解决住宿的需求（即旧需求）通常会入住酒店，民宿的出现为消费者提供了新的解决方案。但从目前的市场来看，出行住民宿并非很多人（即小市场）的首选。第二象限是旧需求×大市场。如网约车平台，过去消费者出门，从A地到B地，除了选择公共交通工具、自驾车等，还可以选择打车，打车是大多数人都用过的服务（即旧需求），网约车聚焦于此，提供更高效的解决方案（即大市场）。第三象限是新需求×大市场。如苹果手机，在它出现之前，大家（即大市场）使用的只是功能比较简单的智能手机，苹果手机用精进的技术和想法颠覆了人们使用手机的习惯，开启了移动互联设备的繁荣时代（即新需求）。第四象限是新需求×小市场。如潮玩手办，这是一个很小众的圈子（即小市场），但手办满足了这群热爱二次元的消费者对于潮流的追求（新需求），其实这是一个闷声发大财的商业赛道。

初创公司不仅需要考虑市场规模，还需要考虑企业的核心竞争优势。目标市场规模越大，可腾挪的空间就越大，融资过程相对容易。同时在有竞争优势的地方进行聚焦，把核心竞争优势发挥在“少数人热爱的地方”。

“少数人热爱的地方”之所以这么重要，是因为它有可能代表着趋势和未来。

小众文化隐藏着对人的需求的洞察。很多人想要争取自己生活的主导权，但大家采取的方式不是偏激地完全和日常生活脱节，而是选择成为斜杠青年：白天做本职工作，晚上研究一个小众爱好。

这是年轻人实践自我的空间，也带来一个趋势——越来越多的品牌背后带着极大的文化属性。清流资本合伙人刘博在一次分享会上说："比如我们投资的花点时间（一家鲜花 B2C 的线上零售商），不单满足人们的消费欲望，也要解决人们内心排解焦虑的需求。总的来看，我们关注三股力量：数据驱动的品牌公司能够快速出爆品、体验式的服务或非标品给用户提供动力去实践生活、小众文化去满足人们反噬的情绪。"

（3）产品是否能自循环

在投资人眼中，最优秀的产品是能自循环的产品。第一步是能增加用户，第二步是能留存用户，第三步是能自循环形成壁垒。每增加一个用户，都给系统带来正向的影响力，这样的产品是好产品。这里面最明显的正向影响力就是网络效应，除此之外，在数据等其他各方面也会形成正向影响，也就是"飞轮效应（Flywheel Effect）"。

抖音就带有这样的显著特点，新用户可以给老用户带来更多可看的内容，对于平台来说是更有价值的，所以从投资人的角度看，自循环可以形成壁垒的产品是非常优秀的产品。而针对大众的记账 App 也是用户换用成本极高的工具型软件，但它的特殊性在于每个人的消费信息都极具隐私性，因此，从用户增量与存量的自循环角度看，它并不是一个好产品，没法形成网络效应。从投资人的角度看，不容易获得资本青睐。

举一个闹钟App应用的例子。“宇宙不爆炸，床都不会下；地球不重启，我就不早起。”这是年轻人的“晚起宣言”。火箭闹钟是一款针对起床困难户的软件，媒体评价它是“一款专治贪睡赖床生物的‘残忍’又可爱的创意闹钟App”。这款闹钟软件一旦响起，用户就必须完成一些起床任务才能停止。比如，想关掉闹钟，得先做对一道算术题。用户体验确实不错，但对于投资人来说，工具类App不是很好变现。从产品自循环的角度解读这句话，就比较好理解了。

（4）核心壁垒有多深

我们在讲商业模式三要素时，说过最常见的六大壁垒包括技术壁垒、规模壁垒、品牌壁垒、网络效应、数据资产、运营的精细度。创业公司早期可以没有壁垒，但一定要在成长过程中逐步构建自己的壁垒。

但是壁垒也是相对的。比如，调味品在B端有着壁垒高、易守难攻的先发优势。原因在于餐饮企业在成功推出受消费者喜爱的菜品后，不会贸然更换调味品供应商。同样是酱油，海天和淘大的口味是完全不同的，那么餐企就不会随意触碰消费者口味的未知范围。但这也并不代表新调味品一定没有市场，其实可以换个思路，不进餐厅的后厨，改成直接面对C端用户。比如2021年2月拿到千万美元融资的复合调味产品品牌“加点滋味”，它瞄准的是新一代年轻的干饭人喜欢给饭菜加点料，秒变厨神的需求。通过这种方式，“加点滋味”反而在C端逐步建立起壁垒。

所以B端讲究的是规模效应，C端讲究的是网络效应。规模效应是随着规模的扩大获得的优势，主要体现在固定成本的分摊上。而网络效应是产品价值随着参与者数量的增加而增加，在平台型生意模式中尤其重要。我们要看核心壁垒是适合B端还是C端。

3. 企业视角：企业如何开创并主导一个品类

目前，很多企业都在研究以增长为导向的新消费。新消费有两大痛点：第一个是产品同质化竞争，你提供的产品功能别人家也可以提供，在用户看来有同质化的感觉；第二个是用户增长乏力，用户认知成本太高，导致增长缓慢。在增长的思维下，如果产品增长出现问题，多半是用户价值没找准；如果用户增长出现问题，多半是认知成本高。前者对应的是企业创新的环节，即“总成本领先战略”，后者对应的是营销的环节，即“差异化战略”。

怎么占领用户心智，降低用户的认知成本？给产品一个好的“定位”。艾·里斯的那句名言“企业的唯一职能是开创并主导一个品类”就清楚地说明了这一点。什么是品类？品类，是指目标顾客购买某种产品的单一利益点（Single Benefit Point）。每个单一利益点都由物质利益（功能利益）和情感利益双面构成。所以，品类是一个基于用户心智的概念，与用户价值相关。

开创品类，找准产品的定位有四步：第一步，扫描心智。回答诸如作为一个品牌，你是谁、你为谁发声、谁是你的用户、你帮助他们创造了什么价值、如何可靠地满足他们的需求这类问题。第二步，明确差异。差异是基于用户认知的功能，而非产品的客观事实。比如，你在产品上添加了某个自认为很厉害的功能，但用户不买账，就属于“鸡肋功能”。第三步，建立可信度。让用户相信产品是“师出有名”，而非“三无产品”，即拿到市场和用户的“信任状”。第四步，定位传播。引发共鸣，关联用户已经有认知的好事物。这个步骤要配合企业战略，集中广告、定价、渠道等资源火力，单点击破。

分众传媒创始人江南春曾说过一句话，很有意思：“‘定位’做得好不好，有三种很简单的判断标准——第一，顾客认不认；第二，员工用不用；第三，对手恨不恨。”举个例子。很多年前，五粮液的广告语叫“畅想美好人生”，茅台的广告语是“国酒”。如果是比较高规格的宴请，“我们畅想一下美好人生”和“我们喝一下国酒”哪个更符合气氛呢？同样是高档酒，但气势就不一样。汉堡王和麦当劳长期是一对“欢喜冤家”，汉堡王的有些广告总是针对麦当劳，对此麦当劳恨得“咬牙切齿”。比如，麦当劳的产品是炸的，汉堡王的产品是烤的，烤的比炸的似乎要健康一点，汉堡王就打出一个“长大以后请到汉堡王品尝烧烤的味道”的广告，这是针对麦当劳的汉堡是给小孩吃的油炸食品来讲的。

上述方法主要适用于 To C 的业务和产品，To B 的业务在做营销时有自己的“三板斧”，即会议营销、标杆案例、第三方背书。

新消费中涌现出了一大批新兴品类（品牌），他们作“定位”的方法主要是结合消费场景做差异化产品，在大品类里硬生生地开创了一个个细分品类。比如，元气森林掀起“0 糖风口”、三顿半聚焦精品速溶咖啡、猫王收音机激活一个临近消失的品类、花西子定位国风彩妆品牌……这些产品从功能、设计、场景等元素出发，跳出过往类似品类限制，撕开了市场的一道口子，实现了“从 0 到 1”。

结合时下最热门的新消费，什么样的大品类有可能暗藏“大机会”？

第一，有一定认知基础的品类。有认知基础的意思是这是一个“现有需求”，可以降低对消费者的教育成本。很多人认为，新消费品一定要求“人无我有”。这个想法不是绝对的。如果真是一个全新领域，消费者完全没有认知和消费习惯，需要花费极大的精力和金钱去教育和培养消费者，在市场培育好之前，产品根本卖不动。

第二，这个品类契合消费趋势，场景明确，有大众化的“出圈”潜质。当用户在某个时间停留在某个空间时，需要有情景和互动让用户的情绪触发。举个每天面对的场景例子——吃饭。吃饭这个场景有无数种分法，其中一种分法可以分为两个大类：弱目的性和强目的性。弱目的性，可以继续分为“吃得好点”和“吃饱就好”：“吃得好点”诞生了各式各样的品质快餐，“吃饱就好”诞生了快餐外卖业务。强目的性的“吃饭”，可以分为“利益交往”和“人际关系维系”：“利益交往”对应着商务宴请等场景，“人际关系维系”对应着部门团建、好友聚会等场景。餐饮界，弱目的性的消费场景的特征是客单价低、频次高，而强目的性的消费场景的特征是客单价高、频次低。

第三，有品类无品牌。大量的日常产品都是有品类无品牌。比如，你能记起你家的拖把、衣架、筷子买的是什么牌子吗？随着人群消费观念的转变，用户开始追求过去“无用之用”产品的品牌。所以有人说，中国每个品类都有机会重做，抓住有品类无品牌的机会，抓住上游供应链分散的机会，谁先完成资源的整合，谁就抢占了先机。

第四，这个品类有较高的复购率和毛利率。购买频次越低，用户决策越慎重，也就越难以相信“新品牌”。另外，大家都在说流量越来越贵，只有高复购率才能把量拉起来，降低拉新成本。而较高的毛利率可以支撑企业去做营销推广和市场扩张。

举一个鸡蛋的例子。大家印象中的传统吃法可能是煮鸡蛋、炒鸡蛋，但代表未来潮流的年轻一代追求的是更新潮的吃法。比如，温泉蛋、水波蛋、北非蛋以及家常的溏心蛋，半熟鸡蛋湿润嫩滑的口感，让不少年轻人欲罢不能。但生鸡蛋的质量如何保证？有一家品牌叫黄天鹅，主打可生食鸡蛋，希望满足消费者吃鸡蛋既能得到鸡蛋本身的美味和营养、又能安心吃半熟鸡蛋料理的需求。消费者买单吗？从消费者的点评可以看出这个品牌已经被市场认可。中国是世界上最大的鸡蛋市场，平均每天要消费10亿枚鸡蛋。但是，一颗鸡蛋要想实现消费升级，除了行业自身的优化调整，还有待消费者建立起“好蛋的品质”认知。关于好蛋的标准，在行业和消费者中间都没有得到统一的认可。虽然土鸡蛋、柴鸡蛋、草鸡蛋占据市场主流，但这些鸡蛋并没有行业标准。黄天鹅为了在“可生食鸡蛋”这个品类下占据领头位置，通过一系列手段制定了远高于当前行业的技术标准，增强了其品牌的信任背书。

我们刚才谈了如何开创一个新品类的方法，更偏向于“从0到1”的公司。对于那些业务成熟的公司，如何在既有品类上做创新呢？说两个关于小龙虾品类创新的例子。

麻辣诱惑这个品牌的麻小外卖是北京最大的小龙虾外卖，客单价很高。过去几年，小龙虾产业从几亿元暴涨到现在接近3000亿元，但没有一家全国领头型的企业。麻小外卖打出的广告是“白腮才是干净虾”，直接从用户关心的食品安全和卫生角度给小龙虾切了一个新品类——白腮小龙虾，帮助用户决策。大部分人吃小龙虾，讲究的是做法和味道。传统的小龙虾企业在这个赛道里竞争。麻辣诱惑独辟蹊径，明确为吃货服务，用户抓得特别准：你们一定在意虾是不是干净，我给你一个用户决策标准，白腮的才是干净虾。这样一来，客户利益可视化了。但如果把“白腮才是干净虾”这个标准拿到下沉市场，奏效吗？答案基本是否定的。确保每一只小龙虾都是白腮虾会给店家增加太高的进货成本，下沉市场的小龙虾店家怎么做品类创新？开在苏州的马头巷龙虾饭店是网红店，它强调每一只虾都经过超声波清洗，保证吃不到沙子。超声波洗虾这项技术在一些饭店里早已采用，但马头巷把它当作一个重要的技术标准首先提出来，辅助用户决策。同样是卖“小龙虾”，两家店用了不同的“定位”，都获得了成功。

给产品定位，确定了品类，就算上了赛道。我们总结一下“产品定位”的几种方法：一是利用新技术、新工艺。如果你有一个很厉害的新技术，就非常容易开创一个新平台，如光触媒消毒剂就是用新技术开创了新品类。二是利用新的消费趋势。如小罐茶，它的茶叶没有变，只是茶的包装方式变了，其实它根据消费趋势卖的是“颜值”。三是利用感知和消费场景。赫曼·米勒（Herman Miller）是一家美国家居设计公司，它切中了“互联网公司程序员的办公室座椅”这个场景，生产出符合人体工程学的办公室座椅，同时建立“最牛程序员的专用座椅”的概念，因为很厉害的程序员坐椅子的时间很长，他们都希望椅子能够很舒适，所以很多互联网大公司都买这个账。四是利用顾客习惯。比如，很多人有早上喝牛奶、吃面包的习惯，所以蒙牛公司抓住了这个机会，开创了早餐奶的新品类。五是利用尚未商业化的品类。比如，广东人夏天都爱喝凉茶，凉茶这个品类已经存在几百年，但直到王老吉的出现，把凉茶装进易拉罐，才彻底成为一个新品类。六是利用添加或删除元素法。比如，把牛奶里的乳糖剔除掉，它就变成了无乳糖牛奶。伊利舒化奶专门针对的是乳糖不耐受的人群。在中国，乳糖不耐受的消费群体至少有 3 亿人，伊利公司通过这种剔除某种元素的方法，创造了一个新品类。七是利用一方文化。扎根一方文化开创一个新品类，或者基于旅游胜地文化开发产品，如少林寺素饼、少林寺禅茶等。①

第四节　新零售可以带来“增长”吗

1. 到底什么是“新零售”

最近几年，新零售是热门词，是相对于传统零售的一个新概念。

零售本质是一个通道。说得复杂点，零售的本质是将每年数十万亿元的社会消费品通过一定的通道流通到每个消费者手里，零售就是这个通道，或者说是管道。有的管道热，有的管道冷，资本都在追逐那些逐渐变热的管道，没有投资人愿意投资逐渐变冷的管道。

都有哪些管道？第一个管道是“夫妻店”。从2004年开始，“夫妻店”的占比一路下滑，到2019年降为8%。第二个管道是百货超市、专营店。百货超市有王府井、大润发、家乐福、沃尔玛等，专营店有苏宁、国美等，百货超市和专营店的占比从2004年的70%，一路上涨到2011年的81%，但从2011年到2019年却降到66%。第三个管道是电商，从2003年淘宝成立开始到2019年，电商的占比约为26%。

零售渠道进化和渠道演进的本质是消费者的需求升级和渠道效率共振产生的。中国第一批百货商场批量出现在20世纪90年代，

---

① 张云、王刚. 品类战略（十周年实践版）[M]. 北京：机械工业出版社，2017. 5.

1995 年中国大陆引进了第一家大卖场家乐福。专营店国美、苏宁分别成立于 1987 年、1990 年。这个时期我们正处于中国特色的社会主义市场经济阶段，消费者想“一站式”购物，即去一个地方把货买全了。百货商场、专营店的效率比之前供销社的业态效率明显提升，它已经有了初步供应链，但整体效率仍然低下。百货商场的盈利模式是什么？它的本质是“二房东”，在百货商场租一个柜台卖东西的才是商家。过去一个品牌有 N 级分销商，有省代、市代、县代，中间环节众多，但是它比非市场经济发展要迅速得多。

2003 年淘宝公司成立，2004 年京东开始在线上卖“3C 家电”。消费者的需求又变了，“80 后”网购的消费需求是便利、划算，买双鞋不用跑到实体店，网上一搜就有很多品牌可供选择。这种业态之所以成立，是因为供应链的革新和效率提升，如流通的扁平化和信息对称，这代表你能在网上搜到几乎所有你想要的合法物件。流通扁平化指的是品牌商想卖货给消费者，可以直接在淘宝、京东平台上开店，这种方式把流通环节砍掉了。很多东西可以不用省代、市代、县代到百货商场租个店卖给消费者，而是直接通过网络销售，中间各个代理的利润可以当作补贴，通过降价优惠给消费者。

这些都是之前的零售业形态。零售的未来或出路会怎样？2017 年马云提出“新零售”，未来具体是什么，还没有定论。消费者需求一直在变化，不仅要便利、划算，还要是极致商品，有极致体验。说得通俗一点就是“我要买最便宜的好货，并且现在就要”。什么业态能满足？盒马鲜生满足了一部分需求，叮咚买菜满足了一部分需求，社区团购也满足了一部分需求。这些业态能不能持续？要看它们在供应链效率上的迭代能不能超过前一代。举一个张大奕卖服装的例子。张大奕卖服装不仅把中间环节省掉了，其实她连货都没有，而是先给出个“打样”，跟粉丝说最近上新这款衣服，谁要买就报名，报名后她再找工厂生产。这种模式最大的好处是“零库存”。过去消费者买一件售价为1000元的衣服，至少有350元是给商家支付库存的。服装是库存很深且很难标准化的行业，同一款衣服为了卖给不同的消费者，至少要有S、M、L等尺码以及不同的颜色。很多服装品牌商生产出来的衣服如果卖不出去只能以极低的折扣甩货。网红带货这种业态比过去的商业模式更有生命力，但也有自身的问题，如网红的个人影响力能维系多久。因为是网红个人经济，一旦有点意外情况，这样的商业模式还能不能继续进行值得商榷。

马云提出“新零售”概念之后，阿里巴巴集团CEO张勇对此作出了解读：围绕着“人、货、场”中所有商业元素的重构是走向新零售非常重要的标志，而其核心就是商业元素的重构是不是有效，能不能真正提高效率。效率，是新零售的核心。

新零售概念下的“人、货、场”三个元素到底是什么呢？

(1) 理解“人”，可以结合销售额公式

购物中心之所以收取商家租金，是因为购物中心为商家带来了人流量，人流量才是真正的核心和价值。而租金的本质，就是购物中心把人流量折算出一个价格，卖给商家。站在商家的角度来说，租金的本质就是它付出的流量成本。怎么计算流量成本？假设一家商铺的租金为10万元/月，一个月有1000人进店，那么这家商铺为每一位进店的客人支付了100元。这个商铺的流量成本就是100元/人。

如果把商铺搬到网上，还要不要支付流量成本呢？当然要。比如，你在淘宝或天猫新开了一家网店，刚开始浏览量很少。这时，你可以购买“淘宝直通车”按点击付费的竞价排名投放广告，为网店的商品做精准推广。消费者点击一次，就能进入你的网店，相当于在线下有一个人进店。按点击付费的内在逻辑，就相当于线下按进店的人头数计算，也就是流量付费。研究“人”，就是研究“流量经济”。

有一个销售漏斗公式，即销售额=流量×转化率×客单价×复购率。转化率比较好理解，假如100个人进了店里，其中有30个人买了东西，转化率就是30%。提高转化率的传统方式有门店装修、商品陈列以及各种打折促销活动。如何提高客单价？这可是数据运营高手的拿手活儿。比如，你想叫一份炸鸡排的外卖，系统大概率会给你推荐相关饮料的搭配，这种“猜你喜欢”的功能就是平台或者商家基于用户数据来提高客单价的秘密武器。复购率反映了顾客重复购买的次数，会员制的互动活动和好友推荐活动是商家提高复购率的两种方式。

（2）理解“货”，除了理解货的本质，还需了解货的流转

一件商品从设计、生产到进入消费市场，我们可以将其归纳为D-M-S-B-b-C。D即Design（设计），指产品款式的设计过程；M即Manufacture（制造商），也有人称其为工厂；S即Supply Chain（供应链），通常指的是总代理、省代理、分销商等机构；B即Business（大B，商场），指的是大卖场、超市、连锁店等；b即business（小b，商店），指的是夫妻店、地摊、微商等个人销售者；C即Consumer（消费者），也就是最终端的客户。零售从“货”的角度讲，就是研究D-M-S-B-b-C，如何不断提高物流速度、减小库存规模、缩短产销周期，从而降低交易成本等。①

这里有两个很核心的问题。第一个问题是为什么厂家（M）不愿意和消费者（C）打交道，而是直接用M2B模式把产品卖出去。这是因为消费者买得太少，而且运输、售后很麻烦。所以厂家选择薄利多销的策略，商家选择高利少销的策略。第二个问题是中间商存在的意义到底是什么。提到中间商，很多人第一反应想的是中间商赚差价，没有中间商，我们可以买到更便宜的货。真是这样吗？薛兆丰讲过一个很直观的例子：1块钱的最终商品，中间商可能占了90%。比如，你在超市花了1块钱买了1斤青菜，农民伯伯可能只卖1毛钱1斤，看似中间商赚了我们不少钱。可是，如果没有中间商，

① 刘润. 新零售：低价高效的数据赋能之路[M]. 北京：中信出版社，2018.9.

商品价格就会便宜吗？不一定。你想想，结束一天忙碌的工作，你就能在超市买到经过筛选的、分类的、质量放心的青菜，这不挺好的？虽然比直接从农民伯伯那儿买的贵了一些，但很难想象下班开车去田间地头直接买且还不一定能买到青菜，成本会更高。中间商存在的意义是降低了交易成本，提升了交易效率。

（3）理解“场”，要结合三类交易成本

任何一个可以被称作“零售”的完整的“场”，都有三样东西，即信息流、资金流和物流，它们隐藏在每一个购物过程中。比如，你今天想去商场买一件衬衫，到了商场后，远远看见一件很漂亮的衬衫。你忍不住走过去，摸一摸衬衫的质地，是棉麻的，很喜欢。然后你翻了翻价格标签，不算很贵，能接受。在整个过程中，你获得了关于这件商品的信息流。然后你拿着单子去付款。你做了什么？你完成了资金流的流转。你交完钱，服务员已经把衬衫打包好，放在纸袋里了。你把纸袋拎回家，这就是物流，你买了直接拿走。

互联网时代，我们来看看关于“场”发生了哪些变化。在信息流这一块，如买一件衬衫，传统的方式是要去不同的专卖店，货比三家，才能掌握关于这件商品的所有信息。但现在有了京东、天猫等线上平台，直接一搜，所有信息一目了然。所以相较于传统方式，信息流变得高效了。那么线下店铺是否还有存在的意义？当然有。线下购买的顾客可以获得一手的体验，可以摸一摸衬衫的质地，检查衣服上是否有未清理好的线头等，那种体验感是线上购物无法替代的。线上的第三方支付平台如支付宝，把通过网络交易的资金流的信任问题给解决了，让线上支付变得便捷且有基础的信任关系。物流在线上和线下也有显著区别：互联网的物流具有跨度性，花一点时间你就能买到全世界各地的东西，而线下物流讲究的是即得性，衡量跨度性物流最重要的指标是“快”，衡量即得性物流最重要的指标是“近”。

2. 到底什么是“增长”

随着新技术的运用以及市场节奏的加快，再加上营销专家、企业咨询专家的助推，“增长”这个概念被放大了。1957 年“策略管理之父”安索夫博士（Doctor Ansoff）提出了一个很有名的业绩增长模型“安索夫矩阵”（Ansoff Matrix），它以产品和市场作为两大基本面向，划分了四种产品/市场组合和相对应的营销策略。横轴为 Product（产品，包含了商品、服务），纵轴为 Market（市场），市场可以理解为老客与新客、现存需求与新需求、存量市场与增量市场，最后衍生出四种战略。

（1）既有产品×既有市场：市场渗透（Market Penetration）

市场渗透指的是既有产品如何提升在既有市场的占有率。对应的策略包括提高顾客购买频率或购买数量、提高客户忠诚度、举办促销活动、设计多元价格组合、并购同业、找出发展潜力高的产品等，如星巴克买一送一拉高购买数量。

当然，巩固市场也属于市场渗透，以现有的市场和产品为基础，以巩固市场份额为目的，采用产品差异化战略来加强客户忠诚度；当市场份额总体有所下降时，缩小规模和缩减部门成为不可避免的应对措施。从防御角度看，企业要做好对“直接竞争者”的防御，他们提供相同的商品、服务，客户群也相同。

（2）新产品×既有市场：开发新产品（Product Development）

从竞争角度看，产品线的延伸策略有：以种类切入，可分为长度延伸与深度延伸；以品质切入，可分为向上与向下。长度延伸即增加产品的大类别，如时装市场增加围巾或手环；而深度延伸即产品的款式增加，如围巾的材质分类或手环的颜色。向上与向下策略为企业发展至较高阶段或者较低阶段的产品市场。产品开发策略以现有客户为核心，试图开发新产品满足新兴或潜在需求。企业对旧客户推广新产品时，可利用深厚的顾客价值当作后盾，比如，一开始卖手机的小米公司，在主打产品做到一定阶段后就开发了扫地机、电视机等新产品。从防御角度看，企业要做好对“平行竞争者”的防御，他们提供不同的商品、服务，但客户群相同。

（3）既有产品×新市场：开发新市场（Market Development）

将公司现有产品卖到尚未开发的市场，可以是不同的地区，也可以是不同的客群。对应的策略包括通过不同销售渠道卖给不同的人（如把线下生意挪到线上，增加线上化率）、思考同一产品如何卖给其他客户群、拓展海外市场等。从防御角度看，企业要做好对“潜在竞争者”的防御，他们提供的商品、服务相同，但是面向的是不同的用户，企业与这类竞争者之间通常存在市场壁垒，壁垒一旦消失，这类潜在竞争者就会变成直接竞争者。

（4）新产品×新市场：多元化经营（Diversification）

这是最难、最有风险的策略，几乎跳出企业原有的经营领域。此策略又可分为“水平多元化”与“垂直多元化”。水平整合可包含并购或逼退竞争者；垂直整合可分为向上或向下整合，前者与供应商竞争，后者与客户竞争。多元化领域又可分为相关与不相关因素，前者的企业仍在核心领域中，后者则不然，如阿里集团从电子商务延伸到了娱乐产业，成立了阿里影业。从防御角度看，这类竞争者提供的产品不同，面向的用户也不同，短期内很难成为直接竞争对手，这类竞争者属于“观望竞争者”。

这四个策略绝非“只可取其一”，一定是因时因地，灵活组合。可口可乐公司在其100多年发展历史中，试过上述所有策略。当然，不是每一个策略都奏效。比如在市场渗透方面，可口可乐在中国每年都会拍新年广告，建立可口可乐与春节之间的联系，达到节日促销的目的；在开发新产品方面，可口可乐的樱桃、柠檬、香草味系列就是这一策略的应用，在现有市场里推出新品；在市场开发方面，可口可乐推出的零度可乐与健怡可乐概念相同，而健怡可乐一直是走女性路线的产品，但是可口可乐通过对零度可乐进行“男性化”的包装与广告，打开了该产品的男性市场；在多元化经营方面，可口可乐斥资41亿美元收购酷乐仕，其中包括其健康饮品品牌“维他命水”，提升了可口可乐在不含糖饮料领域的份额。

增长的底层逻辑很简单，想清楚怎么为现有消费者、新的消费者创造更多价值，是用现有的产品和模式，还是用新的产品和模式。结合新零售的思路，增长也有一种划分角度，即产品增长、用户增长、金融增长，任何一家企业思考增长问题时一定是从这三个元素入手，这和“安索夫矩阵”模型不冲突。“安索夫矩阵”模型偏向企业宏观层面的战略思考，而从产品、用户、金融的角度出发，是偏向数字营销思维的方式。

用户增长，即确定产品的核心价值以及确定目标用户后，要分析他们主要聚集和活跃在什么地方，即获客的重点渠道，包括线上渠道和线下渠道。找到目标用户和所在渠道后，需要分析渠道属性、用户特征及产品的核心价值与卖点，将三者有机结合在一起，在渠道上通过广告投放、内容输出、联合活动等推广手段获取目标用户。另外，提升用户的留存和活跃度，促进用户成长，单次交易用户无法给企业带来持续性价值，只有用户在平台上留存、活跃并成长起来，产生持续性的消费才能给企业带来真正的增长。最后，当用户增长到一定量级，就需要展开精细化运营，提升运营效率，用户分级和分群是两个重要的运营手段。

产品增长指的是企业对产品进行类别划分，更好地满足用户需求、提升企业运营效率，开发新的产品功能或服务，制定良好的产品战略。产品增长主要围绕以下几个因素制定：解决用户痛点、提升用户体验、降低用户决策成本、提升交易转化率以及运营效率等。

如果产品增长出了问题，多半是用户价值没找准；如果用户增长出了问题，多半是认知成本高。所以，做产品增长的方法是回到用户价值原点，并且不断提升用户价值；做用户增长有两个手段，即营销定位与用户精细化的运营。过去一个“大快消”新品上市周期非常长，研发周期需要一到两年，新品上市后获得的反馈也会呈现滞后状态。现在由于新技术的运用，企业主可以通过大数据进行消费需求洞察，以数据驱动产品研发，组织柔性供应链快速投入生产，然后在网上平台新品首发，进行全域精准营销，促使新品快速成为爆款，同时消费数据实时反馈，让消费者资产可数字化运营。全链路都实现了线上化，快速洞察，快速生产，实时反馈。

从实际操作层面看，相比过去，产品增长现在不再是“费时费力的特大工程”，而是每一个做“大快消”的企业应具备的日常基本功。当产品创新的链路被急剧缩短，会出现一个新局面，新品即品牌，产品即媒介。消费者产生品牌认知，不再是看一遍品牌创意，而是直接去体验一遍产品。这也是完美日记、花西子、钟薛高等新消费品牌能不停地推出新品且必须这么做的原因，它们在“从 0 到 1，从 1 到 10”的阶段，不得不维持住这个“动能”。

金融增长涉及这家企业未来的价值，是与当下相比的跨时空的价值交换。比如一家初创企业，你很看重它的未来价值，当前投入了 300 万元，3 年后，随着公司估值增高，你的收益回报有可能达到 3000 万元。这就是金融增长带来的回报。要实现金融增长，投资人得剖析企业经营的具体情况，如企业品牌的价值、企业在上下游的话语权、经营效率、企业家格局等。

第二章　你的公司需要做内容营销吗

第一节　营销就是“搞活市场”

营销这个词大家都不陌生，来自英文 Marketing，全名是市场营销。听到市场营销，你想到了什么？请明星代言？冠名综艺？到处打广告？请李佳琦做直播？……

对，这都属于 Marketing 的范畴，但全是手段。如果把 Marketing 看作一个产业链，刚才提到的那些实际上已经处于产业链的末端。

杰罗姆·麦肯锡（Jerome McCarthy）在《基础营销学》一书中把营销定义为某一组织为满足顾客而从事的一系列活动。说到底，Marketing 的本质就是做市场。

举个例子。花几十元抽一个封闭盒子，这个盲盒里面也许有你想要的东西，但也许不是你想要的。不少小孩跟着大人到了商场直奔盲盒机，不知不觉大几十元就贡献出去了。如果你是商人，也想在盲盒这条跑道上闯一闯，你会怎么做市场？是不是得先弄清楚，盲盒这个市场规模有多大？这个市场有什么样的用户？你的盲盒是想卖给小孩，还是逛商场的年轻人？

某社区的生鲜团购群里出现了生鲜版盲盒这样的新鲜事物。盲盒内的商品不是小零食、小玩具，而是当季蔬菜、海鲜以及鲜肉。用户通过点击链接在盲盒平台下单后，商品发货时会随机抽出大奖，一个盲盒 18.8 元，每二十个盲盒中，就有一份 3.5 斤的新鲜黄蛏或生蚝肉。无数大爷大妈逼着子女链接了社区团购小程序，纷纷试水。这个盲盒的幕后操盘者切中了“这个小区在家中做饭的那群用户”。

做市场，首先要做市场细分，找到你有能力做好，而且足够大的市场，去满足这一部分市场需求就足够了，千万别期盼把所有用户一网打尽。这个市场用户有什么需求、有什么特点、接受什么价位，每个市场接受的价位都不一样。苹果公司常被人骂是黑心工厂，两三千元的成本，卖大家八九千元，可仍有许多人排队抢。是苹果公司疯了，还是用户疯了？都没疯，只是用户恰好有这个需求，买到了就很满足，并且产品功能确实不差，这一切严格遵循着市场经济逻辑，即用户价值公式。

小米公司做手机时，市场上已有了苹果、三星手机，小米打哪部分市场？中低端市场。选中了哪部分人群？IT 男。为什么打这部分市场？第一，这部分市场没人要，苹果和三星手机太贵了；第二，这个市场有足够的实力打下来，小米有竞争力；第三，这个市场有需求；第四，这个市场有体量。这也是属于做市场中的市场细分。

从用户运营的角度，做市场归根到底就是创造你的目标顾客、吸引你的顾客和留住你的顾客。创造、吸引和保留，就是 Marketing。撇去一切因运营才产生的职能，就如德鲁克所说，一个企业只干两件事，一是创新，二是营销。创新就是创造出满足用户需求的产品，这不是市场部门负责的事情，是产品研发和生产部门的工作，但市场部门需要辅助创新。比如，开餐厅开在什么地段，做什么菜系，怎么定价，除了自然流量，是否需要从线上吸引客流等问题，这些是市场部门要负责的。

最近两年大家都爱谈“下沉”，下沉市场中有个比较典型的例子。当三星集团退出中国市场时，留下了一块市场空缺，这块空缺被 OPPO、VIVO 手机公司抢了。它们把渠道铺到三线以下城市，甚至乡村和小镇。跟当地的手机专卖店合伙，卖多少台、卖多少钱，再谈分成，完全模仿了 20 世纪 90 年代步步高手机营销的手法。当三线以下的城市用户开始使用智能手机时，第一件事是什么？去当地的手机专卖店，跟售货员说换一个智能手机，导购员会推荐他们买 OPPO、VIVO 手机。对这部分用户来说，什么叫操作系统，安卓还是 iOS，他们根本不懂，也不关心，他们的需求很简单——能拍照和抢红包。所以，OPPO、VIVO 手机公司选中渠道后，销量马上就起来了，这就是“做市场”。

1. 新消费时代，经典方法仍然经典

完整的 Marketing 流程基本是围绕市场机会分析、市场细分、目标市场选择、市场定位、4P 营销理论（即产品、价格、渠道、推广，英文分别为 Product、Price、Place、Promotion）、确定营销计划、营销产品生产、营销活动管理、服务和信息反馈这几个步骤展开的。

市场机会分析分为外部分析和内部分析。外部分析又可以分为宏观面分析和行业环境分析。宏观面分析通常运用 PEST 法则；行业环境分析通常研究市场规模、市场趋势、产业链、价值链、价值链上的核心驱动因子、产品生命周期。此外，还要分析竞争对手及其市场占有率、市场集中度、利润率等。

内部分析即企业能力分析，基于对市场和行业的通透了解后，结合企业现状，对企业的关键能力进行识别，并对其有效性、强弱进行衡量，通常运用波特五力模型、SWOT 分析法、波士顿矩阵法等。

没有一个产品能服务所有人，就连微信也做过市场细分，如老年人市场绝对不是它的主要市场，安装微信 App，默认字体一定不适用于老年人，而调字体需要点开微信设置，拖动字号设置栏才能完成，这个操作对于老年人来说并不容易。

市场细分是在选择一个合适坐标系的情况下，对业务进行分解，一直分解到足够小的颗粒度。既然是坐标系，坐标维度的选择就很关键，可选维度有很多，要选择那些能真正影响你业务发展结果的。最常用的要素有哪些呢？通常有三个：第一个是客户收入，比如月薪 3000 元以下、3000—6000 元、6000—10000 元、10000 元以上；第二个是地域，比如一线、二线、三线、四线城市；第三个是渠道，比如便利店、夫妻店、专卖店、电商平台。这样，我们就得出了一个4×4×4的三维立体坐标系，在这个坐标系里，我们可以得出 64 个小格子。如果你选择的维度正确，颗粒度准确，做完这个坐标系，就能很清晰地得出需求空间。每一个小格子的用户需求是一致的。做市场细分的价值在于找出你要攻克的市场，资源永远是有限的，把有限的精力投入最急迫的战场，才能打赢商战。

画完立体坐标系后，要选择我们的目标市场。刚才提到的 64 个小格子是否都有可能成为你的目标客户？有可能，但极难。那只选择其中一个格子是否可以？起初也许可以，但中长期肯定不行，因为你锁定的市场太小，会让公司经营不具备规模效应，而市场规模不够大，市值不够大，就养不了太多员工。

举一个共享办公的例子。大家对共享办公的最初印象应该是在创业大浪潮中。诞生于互联网泡沫高峰期的共享办公行业，至今仍未找到确保稳定盈利的商业模式，绝大多数企业靠资本“输血”维生。共享办公的鼻祖 WeWork 公司，在 2019 年 8 月还是市值 470 亿美元的独角兽公司，提交 IPO 招股书后估值暴跌 80%，上市计划流产。在国内，优客工场曾一度奔腾在成为“共享办公行业第一股”的路上。2019 年 12 月，优客工场第一次向美国证券交易委员会递交招股书，但当时 WeWork 上市折戟的余波未平，资本对共享经济普遍不信任，优客工场只得打道回府。2020 年 7 月，优客工场拟通过与欧利森并购公司合并，以借壳的形式在纳斯达克上市，但仅仅一个月后便撤销了 IPO 计划。

近两年共享办公的行情不如从前，但有一家企业一直逆风而行，2021 年 4 月 20 日入选了由英国《金融时报》发布的 2021 年亚太地区高增长企业 500 强榜单。它就是德事商务中心（The Executive Centre），规模不大，但 1994 年创立至今，目标市场始终没有变过，只为最顶端的企业提供优质的办公解决方案，比如 Twitter、Salesforce 公司等，它的 CEO 有个很贴切的比喻："大家出行坐飞机，有人选择经济舱，有人坐头等舱，我们把自己定位成'商务舱'。规模不大，但会从硬件、软件上尽心服务好商务舱的客户。"

目标市场确定后，就进入市场定位阶段，德事商务中心把自己定位为"并非仅仅是办公空间提供者，而是以会员服务为核心的空间服务解决商"。市场细分和目标市场都是从用户需求出发考量，但市场定位是从企业（即供给端）的角度去思考："我要如何跟我的目标用户高效沟通，让他们明白'我是谁'。"

我们从"新品类"的角度讲了如何做定位，一个新品类即是定位的结果，它能降低用户的认知成本。我们再说一些新消费时代下市场定位的案例。

20 世纪 70 年代，营销专家艾·里斯与杰克·特劳特（Jack Trout）提出了"定位理论（Positioning）"，它被誉为对美国营销影响最大的理论。里斯和特劳特认为，定位是从一个产品开始，这个产品可能是一种商品、一项服务、一个机构甚至是一个人，也许就是你自己。但是定位不是你对产品要做的事，而是你对预期客户要做的事。换句话说，你要在预期客户的头脑里给产品定位，确保产品在预期客户头脑里占据一个真正有价值的地位。因此，用户心智成了战场。

做个游戏，把下面的句子补充完整。

好空调，__________

怕上火，__________

困了累了，________

___________有点甜

今年过节不收礼，___

除了格力、王老吉、红牛、农夫山泉、脑白金这些对自己定位准确的品牌企业，最近两年有个互联网平台定位也很准，即瓜子二手车，它对外宣称“没有中间商赚差价”。为什么会这么定位？当前，二手车市场是典型的“供给驱动”，即二手车市场呈现“供不应求”的状态，所以给买家打广告的人人车平台对比给卖家打广告、强调卖车赚钱的瓜子平台，后者意识到了商业本质。瓜子二手车不是这个市场上第一个做二手车交易的平台，可更早入局的优信、人人车却没有给出精准的定位。瓜子二手车找的是特劳特中国公司做的定位，花费不菲，但与其他公司相比，其对二手车市场份额的抢占，长期看这个费用花得值。

再举个例子。臭鳜鱼本来只是徽菜里面的一道主打菜，杨记兴臭鳜鱼餐厅把它打造为招牌。那么它给消费者的印象就是：名字叫“臭鳜鱼”，那这家的臭鳜鱼肯定做得好，不然它怎么敢打这个牌子呢？于是这家餐厅的鱼在北京的销量从一天只能卖几十条到一天能卖3000多条。

还有一个非常有意思的例子。对于竞争激烈的家装行业，如何杀出一条“血路”，过去一直困扰着中小企业。装修公司最喜欢毛坯房，对于它们来说收益最大。如何让中小企业用差异化定位找到隐藏的购买者？有一个公司是这么做的：它在二三线城市寻找到一个被忽视的群体即离异人群，通过大数据调研，他们在朋友圈、抖音进行定投，设计了一个“双十一”产品“忘记过去回忆款”装修风格，还发明了一个用户体验动作——带砸服务。这家毫不知名的美学整装品牌“乐喜宣”公司，不仅拿到了京东2019年“双十一”的三冠王，也拿到了巨额投资。

定位理论，不仅适用于企业，作为消费者的个人，还可以反向利用。两家餐厅，上座率都很高，A店欢声笑语，俊男靓女。B店安安静静，顾客貌不惊人，甚至表情严肃。哪家的菜可能更好吃？这么生活化的场景，其实背后隐藏了餐厅定位的课题。A店的消费场景，大家的诉求极有可能不是吃饭本身，而是拍照、发朋友圈、标明位置，其实是来打卡的。这些潮人出没的餐厅，往往在营业初期聘用大厨，用心做菜，邀请美食达人撰写好评，将其打造成一个美食社交场所，让那些向往美好生活的人都想去体验一番。但成为打卡店后，味道可能就没有以前好吃了。时尚餐厅的生命周期一直在缩短，过去得需要两年的时间，一家有趣的餐厅才会变成一个社交狂欢、烹饪衰落的地方，如今只要六个月。而 B 餐厅，虽然看着其貌不扬，可是大家都在静静地吃饭，这样的餐厅才可能真的抚慰到每一个失落的胃。

2. 新消费时代，4P 理论还有用吗

做好定位后，接下来我们要做的工作是根据 4P 营销理论确定“价格，产品，渠道，推广”这几个要素的组合。

很多人以为这几个要素中应该是产品先行，其实定价是放在第一位的。定价不是在做完产品之后才去定的，而是在产品还没研发时，就找中了一个市场，把价格定好。因为这个定价，你才有机会撬动市场。苹果手机为什么卖那么贵？它的价格不是成本决定的，而是由用户需求空间决定的，大部分消费者愿意为优质的手机品牌支付这个价格。它的各种功能也是为了让消费者相信它的品质是最好的。它也不会轻易降价或涨价，这都是经过测算的，定价是第一步。

之后才是产品。产品有两种，一种是原子时代的传统产品，如宝马汽车，另一种是比特时代的电子产品，如“王者荣耀”游戏。宝洁是一家典型的产品公司，飘柔、海飞丝、潘婷、沙宣等洗发水

都是它的产品。宝洁公司不开自己的专卖店，只卖产品，它的产品渠道有沃尔玛、家乐福、京东、淘宝等。在传统商业模式下，宝洁可以赚钱，沃尔玛、家乐福也能赚钱。

但比特时代的产品和渠道时常有重叠的部分。为什么杀毒软件、手机/电脑垃圾清除软件都有免费的？开发一款好用的杀毒软件、手机/电脑垃圾清除软件的成本并不低，但撇去最初的开发成本，每再造一款相同软件的成本（即产品的边际成本）则非常低，它的商业逻辑发生了变化。如 360 杀毒软件，周鸿祎是市场上第一位把杀毒软件免费送给用户的 CEO，很多人当时不理解，传统行业的人会说："虽然你的产品边际成本很低，但公司总要赚钱啊，白送的话，公司不就完蛋了？"原子时代的确是这样，产品不可编程。但比特时代，产品可以编程。一款杀毒软件一旦装入你的电脑，它就可以化身为一个渠道。因为产品的可编程性，产品就成了渠道，如果在产品上不赚钱，就一定会在渠道上赚钱。靠免费的软件赚钱的方式包括卖广告、游戏道具等，甚至是你的个人数据。后来他带领 360 公司开发了许多软件，涉足智能硬件业务，开拓商业帝国。

关于渠道，有个普遍存在的困惑：品牌进入的渠道越多，销售的网络越广，能见度越高，销售量越大，这是真的吗？答案是否定的。新消费时代，讲究的是渠道聚焦。尤其是中小企业的"新品类"产品，推出的初期应避免广铺渠道。

聚焦渠道的目的首先是争取渠道更多的支持。随着商业渠道之间的竞争越来越激烈，渠道商也更加重视开发和引入新品类以及独家销售的品类和品牌，这可以使新品类在与渠道的谈判中争取到更多的支持。聚焦渠道也有利于企业资源的集中，使新品类获得更多的展示机会。今天我们处于一个产品爆炸、信息爆炸的时代，新品类一经推出市场，就面临淹没在产品海洋中的危险，正如《战争论》的作者克劳塞维茨（Clausewitz）所言："如果不能取得绝对的优势，就应该把兵力投入关键的地方，取得相对的优势。"聚焦渠道后，企业可以争取在单一的渠道中实现更多的陈列、展示、试用、推广新品类的机会，提升新品类成功的概率。同时，企业也可以获得更好的投入产出比，使企业的运作走向良性。①

每一个产品对应一个相应的"4P 组合"，如果公司有很多产品，产品 A 的 4P 的要素能挪给产品 B 用吗？这是一个非常核心的问题。判断行业经营管理水平的高低，可以看看其经营者有没有做渠道划分、渠道管理、渠道隔离。酒店行业的经营管理水平相对较高，它们的渠道至少有线上旅行平台、住客自然到店、旅行社、商旅（如和某企业签订协议价），每一个渠道对应的价格是不同的，客单价最低的是商旅，其后是旅行社、线上平台，最后是自然到店。

确定营销计划、营销产品生产、营销活动管理都属于营销策略制定以及策略落地的环节。这部分我们在之后的章节会细说。比如，

① 张云、王刚. 品类战略（十周年实践版）[M]. 北京：机械工业出版社，2017. 5.

你的企业发展到现在，撇去成本因素，到底要不要冠名爱奇艺平台的热门综艺节目，以及怎么执行落地、调整等。

售后服务、信息反馈也非常重要，是产品迭代的依据。市场是动态的，做营销更是动态的，因此产品定位绝对不是一成不变的。比如，OPPO 手机最开始的口号是“充电五分钟，通话两小时”，十分脍炙人口。后来它调整策略，开始说自家的摄像头很厉害。为什么？因为市场发生了变化，当所有厂商注意力都放在“蓄电量”上，产品的差异化容易被抹平。什么是差异化？顾客的大脑里植入了一个让他选择你而不选择别人的观念，这个观念就是让他觉得你和别人不一样的地方，这就是差异化，即给产品一个好的定位。但事实上，产品本身并没有太多差别。

再举个例子。有个电动车品牌叫雅迪，雅迪的口号是“更高端的电动车”，它的钥匙是仿保时捷钥匙设计的，看着就高端。但有段时间，雅迪受到了另一个电动车品牌“绿源电动车”的冲击，绿源电动车的价格更低、电芯更好、材料成本更低。雅迪干脆不再跟绿源玩价格战了，它回到了最开始的高端定位，不再战术漂移。所以，有了反馈信息，什么时候做定位调整，什么时候坚持定位，全基于对市场的深刻洞察。

第二节 新消费时代，到底做销量还是做品牌

1. 做营销的四个步骤

到底什么叫品牌？有无数的定义。延续之前的定位理论，本书采用的定义是“品牌=品类+品牌名”，“品类”强调了产品的差异化，即这个产品于消费者心理感受上的不同，“品牌名”是让消费者更好地记住产品的差异化，对应4P营销理论中的推广。

在上一章我们提过品牌建立可分为四步，明确产品的用户价值→确认品牌定位并让用户知晓→提升用户对品牌的信任→沉淀品牌资产，过程如图2.1所示：

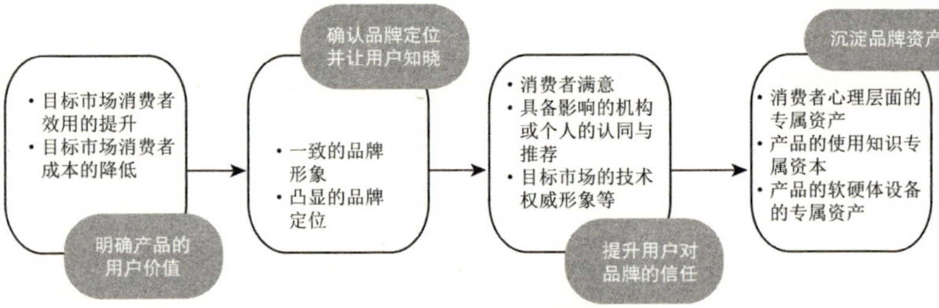

图2.1 品牌建立的过程

(1) 明确产品的用户价值以及确认品牌定位并让用户知晓

在明确产品的用户价值的阶段，企业要清楚该产品所拥有的新技术突破与新技术应用，然后说明这些突破及应用可以带给消费者哪些有形和无形的功能效果，或者是如何对生产销售成本产生效果。据此，确认品牌定位并让用户知晓，即找准产品定位并推广出去，

这一步如果做好了可以大幅降低用户的搜寻成本，按时下的话来说，更易获客。

举个例子。有款音箱的核心零件用的是金属铍（即新技术或应用），金属铍的特性是让喇叭所能表现出来的音域更宽广、更真实（新技术功能），这款音箱可以让消费者听到“原音重现”（消费者效用提升），这就是结合上面方法做出的定位。

在成本方面，举一个美国沃尔玛超市的例子。沃尔玛的定位强调的并非新技术突破及新技术应用对用户效用的影响，而是新技术突破及新技术应用对生产与销售成本降低的好处。沃尔玛认为它的运筹管理是通过卫星技术与精密的运算能力（新技术或应用），让整体存货管理的配销成本相较于对手低很多（新技术功能），可以以最低的价格在市场上贩售全国性品牌产品（消费者成本降低），因此沃尔玛超市的定位诉求就是“天天平价”(Everyday Low Price)。

(2) 提升用户对品牌的信任

建立品牌信任的第一大来源是消费者的亲身体验。如果消费者使用品牌产品后发现其表现符合购买前的期望，他们就会满意，当品牌产品能够一而再、再而三地证明自己所宣称的效用时，这些满意会慢慢转换为对品牌整体的信任。

虽然消费者满意是建立信任的第一大基础，但所有新品牌产品都没有办法一上市就让目标消费者有机会采用，如何解决这个问题？我们讲过几个方法，包括热销、意见领袖青睐、领导品牌、专家背书、开创者讲故事、知名销售渠道等，这都是在降低消费者的决策成本。

为什么社交电商平台涌现了一个又一个的“带货王”？对于那些“从0到1”的带货王来讲，他们必须通过一次又一次帮消费者要到最低价、性价比最好的产品，建立起“值得信赖”的人设，再通过直播时营造的紧张的卖场氛围，加速消费者的决策时间。

消费者对品牌的信任是非常主观的，也是一个长期累积的印象。对一个品牌的信任往往也会对该品牌所出的其他产品产生晕轮效应（Halo Effect），使得品牌在推出新产品时，消费者对品牌的信任会扩散到新产品上去。

不同产品种类要建立品牌信任的困难度会不同，如果产品属于搜寻品或体验品，企业在确定产品定位并做推广时，切忌夸大其词、名不副实。因为消费者使用这类产品后，马上就会知道效果，容易造成“好事不出门，坏事传千里”的反馈结果。如果产品偏向信任品，消费者不仅在买之前无法知道该产品好坏，用了之后短时间内还是不知道它的好坏，此时消费者无法完全用自己的使用经验去确定该品牌是否达到消费者的期望，因此品牌信任必须长期慢慢培养，最典型的例子就是养生品营销，找有市场影响力的机构或个人来背书，在渠道上多采用分销，利用人际关系与信任去销售。

（3）沉淀品牌专属资产

品牌专属资产是指当消费者因为使用某品牌的产品，经过时间累积与该品牌产品产生了使用知识、软硬体设备、心理层面等三种特有的品牌专属资产。前两者是产品层面，第三种是心理层面。这些有形与无形资产是专属于该品牌的，如果消费者有一天不再继续使用该品牌，这些专属资产不会随之转移到其他品牌上。

使用知识专属资产指的是消费者因长期使用某品牌后，对该品牌产品的使用方式非常清楚而产生品牌使用专属知识。比如，用惯了 Windows 系统的人，刚开始用 Mac 系统会极其不舒服。软硬体设备专属资产是指品牌产品使用特殊规格，消费者将来如要扩充产品，必须使用该品牌的系列产品，其他品牌产品会存在兼容性问题，如买了吉列剃须刀，就只能买吉列的刀片。心理层面专属资产是指消费者因使用某品牌后，对该品牌产生心理特有品牌认同的心理资产，如用惯了苹果手机的人不会轻易换成华为手机，反之亦然。骑哈雷摩托车的人不会换其他机车，哪怕其性能再优越。哈雷摩托车花了非常多的时间和金钱在用户的心理层面建立精神认同，如每年会办一些哈雷车主俱乐部活动，建立团体经验，认同感很强。

企业在建立品牌的过程中会遇到一个问题：我的产品一般或者跟竞争对手并没有太大差别，我是否还需要做品牌？

这真是一个普遍问题！

除非产品采用了突破性技术且具有专利，否则大多数情况下，你的产品和别家的产品并没有特别明显的差异。比如说茶叶，A 款普洱茶和B款普洱茶价格悬殊，但一般人能喝出两者的差别吗？茶是一个非标准化的产品，喝茶讲究的是场景中的气氛以及气氛之下的关系。当产品没法从技术、成本的角度让用户感受到明显差异，贸然建立品牌会相当辛苦，但并不是不可行。在这种情况下，有两种方法可以破解：第一种是在营销预算充裕的情况下，可以采用“大广告”的做法。市面上有许多针对大众的消费品、便利品、日用品等，竞争者之间的产品差异并不大，采用传统的“大广告”做法，比如冠名某赛事或综艺等，仍有机会建立品牌、抢占市场，只不过这种方式越来越难了。第二种是打通某一人群，先做销量。打通某一人群，然后“出圈”，这是加拿大运动品牌lululemon进军中国市场时的策略，它采用了打通“瑜伽人群”的做法，迅速占领市场，然后再“出圈”，营造生活方式，释放更大的品牌效力。

2. 做销量与做品牌的双全法

做销量和做品牌不是绝对矛盾的。

品牌建立的第一阶段是立足产品，提升消费者效用、降低消费者的交易成本。如果某款产品为用户提供的价值和其他家的没有明显差异，但仍有机会运用各种线上、线下的渠道把销量做上去，这么做可以利用规模效应拉低成本。因此，品牌产品的成本效用会产生竞争力。比如，美国的个人电脑市场各个品牌电脑的技术差别并不大，但谁的规模大、零部件购买力强，谁就能压低产品价格，并且可以给渠道比较高的优惠进而掌握渠道，体量做大后即使功能型效用不是最高的，但消费者所需要付出的成本降低了，整体品牌产品的成本效用依然会提升。

过去一款产品从生产到让消费者买单，要经过许多环节，但现在因技术变革，诞生了许多新模式。从“货”的角度引发了“短路经济”，再加上国内电商平台、内容社区平台带货模式层出不穷，让原先较为弱小的中小企业在某种程度上掌握了一定的销售主导权，有机会利用“低成本、高效率”的方式做出产品销量。

不过，对于那些已站稳脚跟的大公司，可以利用大量生产、更大成本的营销，再加上既有的品牌价值，去对抗中小型竞争对手，虽然后者的产品功能可能确实不错，但在规模经济上仍无法与大公司相比。说到这儿，有几个问题要思考一下。

第一，为什么时下大家都专注于做销量？

这跟用户的决策路径有关，不同电商平台、营销公司都有各自的用户决策路径模型，本书采用 AIEPL 营销阶段理论，即用户知晓（Awareness）→产生兴趣（Interest）→备选品评估（Evaluation）→购买（Purchase）→忠诚（Loyalty）。

知晓（Awareness）是指消费者购买一个产品前，往往会主动或被动地接受市场上各个品牌产品的相关信息，其中大部分的品牌产品知晓并不会引起消费者兴趣，消费者只会对那些在主要诉求和功能上与他们本身需求一致的品牌产品产生兴趣（Interest），并不是每一个被知晓的品牌产品皆会进入他们感兴趣的阶段。消费者确认对品牌产品兴趣后，他们就会收集更多这些品牌的产品信息，以便进入评估阶段。在评估（Evaluation）阶段，消费者会去评估这些品牌产品与他们所知道的市面上其他品牌在成本效用上的差异，如查看“买家秀”“用户评论”、对比“小红书笔记”、观看“开箱/测评视频”等。评估完成后，消费者会进入购买（Purchase）环节，第一次使用后，消费者会判断产品的表现是否符合预期，假如发现差太多，他们就不会再使用这个品牌的产品。反之，若使用后感觉产品表现高于预期，消费者将来会再次购买此品牌产品，甚至会完全忠诚于（Loyalty）该品牌产品。

用户决策的每一个环节对企业来说都很重要。对任何新产品或者新场景，消费者第一次购买行为基本是被动、偶然甚至是非理性的，只有消费者获得真实体验，得到产品的正向反馈后，才会对产品或销售渠道产生依赖，主动消费。过去几年，凡是做销量起来的品牌，它们的增长逻辑通常是“关注卖货+流量爆款”，最近两年又增加了“做用户的精细化运营，经营粉丝资产”这一项。传播环境与消费习惯的巨变，倒逼品牌暂时放下“品牌营销”，追逐“即时成交”。

传播环境的变化，每一个人都应该感触很深。用户接触信息的媒介和方式不再是传统的“中心化，被动式”的，大家养成了“查产品”去小红书、“看娱乐”上微博、“看游戏、鬼畜视频”上B站、“消遣”去抖音，如果前三秒不喜欢马上滑到下一个等习惯。这些都是消费习惯的变化，即消费者不停地追求更高的性价比、更便宜的货、更快的服务、更极致的体验。

传播介质的变化，如直播平台卖货，让信任中介从“品牌”过渡到“人”，从“点对多”的中心化传播过渡到了“交流互动”。直播平台卖货的周期短，看到就可以买到，让消费者从知晓到购买只发生在短短几分钟的时间内，中间的链路被极大地缩短了。这种情况不仅发生在内容电商领域，O2O 领域也有，如外卖订餐、外卖买菜……看到某件东西，操作手机功能，半小时后即可送到家，习惯了这样的速度就没有人愿意再等待。

所以，从某种程度上来说，并不是企业不想做品牌，而是市场变化太快，新产品贸然做品牌营销，效率会比较低，而且消费者没有体验过产品，甚至没有基础口碑，很难与品牌产生共情能力。娓娓道来需要信任基础，一个从未听说过的产品，拍一支三分钟的品牌宣传片，即便这个品牌真的很棒，用户的接受度也没这么快。更高效的方式是先做效果，积累第一批用户，当有了真实的使用体验，再谈品牌价值观。同时，当前的环境支持不做品牌先卖货。足够强的产品力，加上值得信任的渠道中介，消费就会产生。比如新消费品牌就是先卖货，通过直播卖货或者平台的信任背书，做到某个细分品类的第一。未来几年，一些跑通的新消费品牌，大概会投入更多预算做品牌。①

第二，“找卖点+搞流量”这种做销量模式适用于所有产品吗？

“找卖点+搞流量”的本质是发力线上渠道，能奏效的直接原因是产品品类与渠道的流量属性相配，这也是这种模式是否适用于你的企业的判断标准。类似的问题在零售业早已有之，只不过过去辩论的是“到底是渠道为王，还是产品为王”。

“找卖点+搞流量”是时下很流行的增长路径，与之对应的是传统产品品牌思路，先建立品牌，制造势能，然后再去关注销量。选择哪个路径，很大程度上和创始人相关，前者创始人通常具有很强的渠道思维，后者创始人则通常带着感性的气息。路径本身没有好坏，一切只看适不适合你的产品，符不符合企业的目标，以及选择路径后有没有做到极致。

互联网营销博主、知名职场博主刀姐 Doris 提出过一个很精辟的观点：按业务增长的动力，把品牌分为动能品牌和势能品牌两类。动能是因为物体运动而具有的能量，与质量和速度成正比；势能是物体因为被举高而具有的能量，与质量和高度成正比。在一定条件下，动能和势能可以相互转化。完美日记、王饱饱，这类类似“宝洁系”的品牌群统称为动能品牌。它们的特点是多快好省，即从供应端到消费端通过速度绝对快的运转来增加运转效率，核心在于效

① 先有效果，再谈品牌[EB/OL]. 搜狐网，2021-01-28.

率——怎么能让用户更快、更便宜地拿到它的好货，品牌能够更快地对市场作出反应。而喜茶、观夏是势能品牌。势能品牌相对于动能品牌而言，不在于速度快，而在于它的势能位置。你会发现它们前几年的业务增长速度非常慢，但是势能相对较高，粉丝黏性非常强。品牌势能先是把品牌势能建立在高点，在维持高点的同时慢慢做品牌。它们主张理念优先，再找和理念相符合的产品，作为理念的载体来输出。这类品牌必须要保持一定的势能，规模的增长只会让势能下降，所以要克制，不能快速增长。太快增长反而会破功。比起动能品牌以渠道为先的逻辑，势能品牌是以品牌为先。①

看一个品牌是动能品牌还是势能品牌，要看它的增长到底是怎么做起来的。说得直白一点，是靠流量，还是靠理念？按这个标准，虽然不少品牌看起来在做内容、做品牌，如定位国风彩妆品牌的花西子，一直在传递东方文化和东方美学理念，但它的增长依靠的是内容社区、电商平台，所以它属于动能品牌。

这里思考另一个问题，在同一件产品上用“找卖点+搞流量”的方法能长期有效吗？答案是否定的。现在消费者购物，有几种不同的选择。打个比方：第一种是尝鲜菜单，即一些客单价不高的新奇特品牌，不管好不好都会买来试一试；第二种是粉丝菜单，即网红品牌或者小众品牌，作为这个品牌的忠实粉丝，不管别人的态度，

---

① 动能 VS 势能：完美日记系和喜茶系品牌的两种增长路径[EB/OL]. 搜狐网，2021-02-08.

我就要买它；第三种是主流菜单，大品牌，别人都买，买这款总归是没有错的。① “找卖点+搞流量”的方法只能作用于消费者的尝鲜菜单和粉丝菜单，想突破进入消费者的主流菜单，注定要打一场“破圈战役”。

什么是破圈？找到一个新的消费场景，找准一群新的消费群体，或者各种联名跨界？这只是破圈的表象，和搞流量的逻辑没有太大差别，即使成功了，也只是找到了一个新的流量开挖点。最大的破圈是基于消费者的心理需求。

消费者心理破圈的策略，分成内容与传播两部分。在内容上塑造“大牌气质”。大品牌该有的形象确定后，应该给大众传递更加可靠稳定的大品牌气质。在传播方式上要非常激进：最基础的广告饱和覆盖，最大体量的媒介预算，最密集的广告轰炸，同时配合公关舆论的引导，让品牌被谈论，一战定调。②

第三，创业企业可以在发展“从 0 到 1”的阶段就做品牌吗？

国家的复兴、民族自豪感的上升助推了国货、国潮和国风的兴起，不过要成就一个真正的国货企业，树立起民族品牌，我们还有很长的路要走。反问一个问题，为什么这几年我们国家一直在大力扶持民族品牌，鼓励民族品牌“出海”？因为当经济繁荣到某种程度时，一定会过渡到文化影响力的竞争，树立民族品牌的重要性不言

---

① 小众破圈，进入主流“菜单”[EB/OL]. 搜狐网，2021-04-08.

② 小众破圈，进入主流“菜单”[EB/OL]. 搜狐网，2021-04-08.

而喻。过去，国内外零售业态是很不一样的。在中国，渠道是品牌商控制的，经销商是品牌商功能的延伸。有很长一段时间，在国内做零售最佳的配置是品牌和渠道双轮驱动，其次是渠道单轮驱动，最后才是品牌单轮驱动。而在国外，零售渠道往往是独立的第三方，企业方自身会更聚焦产品，回归产品本质。

说一个世界知名品牌诞生的故事。JIMMY CHOO 鞋子品牌诞生于 1996 年，创始人周仰杰（英文名字是 Jimmy Choo）是马来西亚华裔，祖籍广东梅州，爸爸是鞋匠，贫寒的家境让成绩优异的他小学没读完就退学了，回家帮爸爸做鞋。快 30 岁时，他用自己设计的作品申请到了去英国学校读书的机会，读书时也在各种餐厅打工，毕业后去了鞋厂，但仍然很贫困。后来偶然参加了一个鞋子设计比赛，被戴安娜王妃一眼相中，还去了他的鞋店。此后，周仰杰成为戴安娜王妃御用的鞋子设计师。成名后他接受采访时认为，正是这段求学经历让他从一个只懂做鞋的工匠变成真正懂得设计的设计师。

很多老牌的奢侈品品牌诞生于 1945 年之前，也就是“二战”结束之前，比如爱马仕诞生于 1837 年，路易威登诞生于 1854 年，香奈儿和普拉达都诞生于 1913 年，古驰诞生于 1921 年。所以，要成就一个品牌，需要“天时、地利、人和”，有几代人的传承、岁月的积淀以及能创造某种共同记忆等因素。不过，这些都是表象，最关键的是在相当长的一段时间里，创始人因为兴趣和热情而专心致志地做产品，力求完美，按现在的话来说，就是把“工匠精神”发挥到了极致，最后沉淀出传世品牌，而不是从一开始就想着要做一个什么样的品牌。

那些在“从0到1”的阶段就开始布局品牌的企业要时常提醒自己：是不是为了做品牌而做品牌？如果是，你得清楚自己的商业模式以及目前所处的阶段；如果不是，而是单纯想做一个好品牌，那么要问一下你的产品和资源是否足够支撑你一开始就定下这么长远的目标。不少新创业的品牌在市中心最高端的商场里开门店，产品定价也出乎意料的高，品牌自带许多标签，裹挟着各种民族特色、爱国情怀，但往往销售惨淡，最后不了了之。

第四，有帮助企业既做销量又做品牌的方法吗？

先明确一个基点：不论是做销量还是做品牌，不论是销售动能驱动，还是品牌势能驱动，它的根基都在产品本身。产品不好，做什么都不管用。如果在营销上花过多功夫，本质上会导致无休止的内卷游戏，最后比拼的只是烧钱的效率。实体消费品有边际成本，所以在营销之外，更需要在看不见的地方多下功夫。产品和供应链有竞争力了，营销费用和成本自然会降下来。

“找卖点+搞流量”的好处是产品崛起速度快，在短时间内能够享受到渠道变迁带来的红利。但它的缺点也很明显，消费者顶多记得产品的品类，却无法形成品牌，而且过分依赖渠道平台，抗风险性很低。当企业步入“1到10”“10到100”的阶段时，除非坚定从此以后做平台，到处寻求动能补给，闯出一条路，否则一定要开始思考制造、管理品牌势能。从这个角度看，我们就知道为什么很多大品牌每年都要花很多钱搞品牌大活动，它们不以卖货为目标，只是想维持住那个势能。说得更直白一些，从某种角度讲维持势能就是为了溢价，让产品卖得比同行贵且合理。

据中金旗下研究机构的数据显示：2020 年，资生堂、欧莱雅、雅诗兰黛等顶流大牌，同样尝试了小红书、抖音、直播带货等新流量端，其销量增幅均超过 60%，而同期相比，某个国内新消费品牌的销量增长仅为 22%。换句话说，品牌力强的品牌可以在流量加持下发挥更大作用。[①] 这对中小品牌企业来说是一个很好的警示。当“种草”到一定量时，想获得新的增长，必须超越“种草”，过渡到“种树”和“养树”的阶段。

既可以帮助企业做销量又能做品牌的“二合一”方法就是内容营销。举一个在商业流量池里做内容的例子。饰品是典型的体验品，因为戴在身上好不好看要试过才知道。饰品市场只有两类最赚钱，一种走线下门店，以绝对平价的方式卖时尚入门级的饰品，它的用户多集中在二三线城市以及大学生、小白领这个群体；一种走高端品牌，依靠品牌溢价，用户会冲着它的品牌和所谓的设计感购买。不论是第一种还是第二种，用户对饰品的消费基本属于冲动型，冲动型的品类在传统的基于搜索逻辑的电商渠道那里并无优势。那是

① 互联网打造不了品牌，但“双微一抖一分众”就可以[EB/OL]. 新浪网，2021-04-07.

不是意味着具有独立设计感的饰品不需要做传统电商渠道了？答案是否定的。深圳某家饰品工作室最大的营销渠道是天猫，工作室负责人坚定地把天猫平台当作树立品牌、顺便做销量的阵地。这家饰品工作室坚持了三年，每年的净利润都很低，成本支出主要集中在生产成本和营销成本（比如流量费用等），三年间靠着在商业消费型流量池（即天猫平台）里深耕内容硬是闯出了一条路，在天猫商城的饰品品类里做到了前三名，并获得了资本关注。

第三节　内容营销持续蓄能，助力“增长”

内容营销，就是用内容本身搞活市场。人类历史上每一次主流媒介的更迭，内容营销都未缺席。在纸媒流行的时代，《米其林指南》是非常有名的内容营销案例。1900 年，为了推动汽车业的发展，同时也为了促进米其林集团的成长，米其林创办人米其林兄弟俩在法国出版了世界上第一版《米其林指南》（Le Guide Michelin），约 400 页的红色小册子，免费提供给驾驶者。指南中收录了大量实用信息，包括更换及维修轮胎的小知识、城市地图、加油站位置、酒店地址和汽车制造商列表等。至今，《米其林指南》已发行 120 多年，总发行量超过 150 万册，是全球发行历史最久的观光旅游与美食餐饮评鉴指南，也提供了全世界最具权威性的饮食评分系统。发行杂志一直是企业内容营销的重要方式，宜家、宝马、奔驰的内刊一度是业界标杆；在广播流行的时代，医疗保健类产品是最常见的广播内容营销案例。近些年，随着汽车保有量的增长，广播行业重获生机，旅行、美食类的产品通过广告或热线电话等内容形态在广播媒体获得了很大的发展；在电视流行的时代，视听语言丰富的电视媒体给了企业和品牌更好的做内容营销的空间。1984 年，美国玩具厂商孩之宝发起了动画史和玩具史上最经典的内容营销案例，它与漫画巨头漫威公司合作，开发了家喻户晓的变形金刚漫画产品。为了多渠道推广这些玩具，孩之宝还为变形金刚制作了一部三集的商业动画片，并付费给电视台作为商业广告播出，漫威公司的系列动画也同步发售。这部商业动画片《变形金刚》（Transformers：More than Meets the Eye）一经播出，便成为美国当时收视率最高的动画片，获得了巨大成功。1995 年，国内也出现了一部现象级的动画片《海尔兄弟》，成为“80 后”的童年印记。其实这是一部由海尔集团投资，以其卡通形象为主角的商业动画片，也是国内第一个通过动画片进行内容营销的品牌。伴随着《海尔兄弟》的播出，海尔产品进入千家万户。

在互联网时代以前，企业想做内容营销推广，需要借助广告公司出创意、制作内容，然后通过媒体代理公司进行媒体采购和投放，低效且昂贵。企业想拥有可针对大众发行的杂志，难度大、受限高。而参与广播、电视剧的制作更是花费不菲。但随着互联网时代的到来，内容可以低成本、高效地分发，内容营销不再是大企业才有能力挥舞的武器。企业可以自建官网、开通微信公众号、微博，也可以在 B 站、抖音、快手等视频平台拥有自己的栏目。只要你想，就可以以图文、音频、视频等各种方式发布内容，企业可以拥有自媒体，并且能够零距离地和用户（粉丝）直接对话，甚至直接把商品通过内容电商卖给他们。

新媒体的发展，让传统制造业也找到了自己的突破口。三一重工是一家生产挖掘机、起重机、压路机等机械设备的企业，这样的制造型企业似乎跟时下流行的短视频够不着。但就是一个这样的 To B 企业，在快手平台上开通账号，直播 1 小时卖出 31 台压路机，一台机器价值三四十万元。31 个人在直播间里付了 5000 元定金，线下提货。快手副总裁岳富涛特地找到三一重工的人，了解到这个账号是企业的销售团队做的。他们在快手平台上看到有人秀挖掘机、压路机的绝技，判断出快手平台上有很多潜在用户，于是在平台上开通账号进行厂家直销，比经销商的价格要优惠，自然吸引了不少用户。

1. 内容营销的核心目的是引爆增长

根据美国内容营销协会的定义，内容营销是基于对界定清晰的目标受众的理解，有针对性地创造与发布和顾客相关且有价值的内容去吸引、获得那些受众，并使其产生购买或交易行为，为企业带去盈利的全部过程。与传统广告“一对多”的思维不同，内容营销着重挖掘和生产受众真正感兴趣、对受众有价值并能产生共鸣的信息，从而让人们主动关注和分享。

内容营销这一概念常常引起误解，一方面由于其表现形式与广告、公关软文等形式高度相似：均通过文字内容、图片内容或视频、音频内容来承载营销意图，因此常被曲解为传播手段的一种；另一方面“内容”可能被混淆等同于所有有“内容”发布的营销活动，如社会化媒体营销。内容营销概念产生于互联网和各种信息技术更为发达的时代，它与广告或其他营销有所相似但又有所不同，它们互为补充，各自从不同的角度来实现企业的营销目标。①

本书讲的内容营销指的是在新媒体时代下，企业、个人利用内容社交平台，如微信公众号、微博、小红书、抖音等，以用户为中心，通过体系化的内容和渠道运营策略，服务于业务增长的方式。它具有以下几个特征：

第一，内容营销具有连续性、持续性以及长期性特征。它是由企业一系列相关业务活动紧密衔接组成的，不是单次的市场活动，贯穿了从吸引用户到用户产生交易行为的全过程，具有连续性、持续性和长期性的特征。因此，内容营销不同于广告、公关活动或单次宣传活动，但需要配合这些广告和活动，突出活动主题。

第二，内容营销是以用户为中心的。内容营销不是大众传播，它是以用户为导向，针对特定目标群的兴趣、需求而定制的内容。比如，一家做婴儿洗护用品的公司一开始做的内容营销会格外强调

① [中]曹虎、王赛、乔林，[美]艾拉·考夫曼. 数字时代的营销战略[M]. 北京：机械工业出版社，2017. 1.

成分的安全性和产品的功能性，即增强产品背书。另外，公司会针对潜在用户生产关于婴儿洗护的科普型内容，还会邀请意见领袖一起发布种草型文章。接着，公司会整理用户的产品试用报告，做“用户的口碑传播”，强化用户对品牌的认可，甚至还会协助第三方机构做产品测评，强调产品与竞品的不同点，加速用户决策。公司在洞察到新手妈妈通常有各种养育问题时，还可以针对她们的问题生产情感型内容，加强与用户的情感联结。

第三，内容营销具有强目的性。内容营销不能只关注情怀，毕竟“营销”二字时时提醒着我们要以企业的业绩增长为导向。我们时常看到一些企业为了吸引眼球会在企业公众号上转发一些与自身业务毫不相关的大热点内容，但内容营销的每一篇内容都应是理性规划的结果。好的内容营销犹如春雨般润物细无声，在不知不觉中引导着用户。之所以能实现这一点，是因为内容营销的规划者是基于对目标客户的充分了解来制定内容的。从目的的角度来讲，内容营销因为其提供内容的价值性、友好性与趣味性，有机地将品牌、产品、体验服务融入内容之中，减少违和感。从传播效率的角度来讲，内容营销的强目的性至少有三层，包括提升企业业务/品牌在用户心智层面的传播效率、提升用户的分享意愿效率（即用户的自传播效率）、提升用户的决策效率。

第四，内容营销的建立有利于打造企业端的自媒体资产。目前企业可以在自媒体平台上发布内容，所以内容营销需要将自媒体当作资产来经营，这样不仅能够大幅降低营销成本，还能够通过用户在线上的评论和反馈更及时、精准地了解用户对产品和服务的想法，强化企业与用户的互动关系，这些都是广告和软文做不到的。从这一层面来说，内容营销对自媒体的使用更能提升 ROI，增加客户黏性。

2. 内容营销的五大误区

2020 年新冠肺炎疫情影响全球，不少企业受到冲击，开始大幅缩减营销预算。这一时期，内容营销的价值进一步凸显。很多企业期望通过内容营销这个工具，用最小的成本担负起产品传播的重担，甚至达到现象级的传播效果。但事实远非想象中那样美好，企业的内容营销团队虽然勤勤恳恳，销售的转化率却并不理想。雷军总结创业心得时，说过一句很经典的话："你不要用战术上的勤奋，掩盖战略上的懒惰。"这句话放在内容营销上也适用。

误区一：内容营销是单向度输出，不追求互动。

和传统的"一对多"传播不同，内容营销的核心目标是加速企业端的传播效率和用户的自传播（分享）效率，因此，它强调的是结合企业业务，站在用户视角思考问题，吸引更多用户参与企业的互动。但企业最常见的做法是发布大量内容混脸熟，服务号的内容和微博类似，小红书的内容又和抖音类似，这样铺天盖地的内容占领，最终的效果并不好。社交平台的核心在于互动。举一个宠物美容微博的例子。宠物美容公司入驻微博后，可以在注册账号时先想好品牌人设，然后活跃在与业务相关的微博大号主页里，如专发萌宠内容的微博账号的评论区。不要着急把用户都吸引到公司的账号上变成粉丝，更不要生硬地告诉粉丝你的店址，只要先做好互动这一块内容，坚持两三个月公司就能达到一定的品牌认知度。

误区二：企业自嗨，不顾及用户感受。

2020年的“双十一”活动火了两个词语：打工人和尾款人。这两个词语的热度突然之间就爆发了，但是从内容营销的角度来看，这一点都不意外。不论是打工人还是尾款人，其背后都站着几亿人的普通群体，而连接如此大体量群体的因素就是情感与共鸣。内容能够被火爆传播是因为用户的感同身受。做内容最怕企业自嗨，而忽视了与用户建立情感链接。产品品牌的每次发声，都应该逐渐拉近与用户的距离，而不是一次次与用户重新建立认知。比如，网易云音乐是一款社交形式的音乐App，其亮点在于它不仅仅是用来听歌的，更是用来找共鸣的。很多人打开网易云音乐，不是为了听歌，而是为了看某首歌下面的评论。很多人都有一段时光，是听着某首歌度过的，这首歌实际上代表了某一段故事。评论中的那些故事不是网易云的运营小编写的，而是用户真情实感用键盘敲出来的字。因为真实，所以戳中人心，产生共鸣。这就是好的内容营销。使用用户自己生产的情感型内容，结合业务，传递了品牌价值，拉长了用户使用时间，增强了用户黏性。

误区三：内容营销就是蹭热点。

这也是很多企业做内容营销时存在的问题，组建了内容营销部门后就开始跟风追热点，缺乏系统规划，误认为这就是内容营销的不二法门，殊不知大多数企业的热点跟风帖内容其实有些牵强。内容营销不在于狂追热点、博眼球、蹭流量，在一个风口浪尖上分得流量不是一件困难的事，但是这种流量往往只是一时热闹。真正的营销在于用内容吸引到用户后是否可以成功转化。内容营销永远是营销在前，内容在后，内容为营销服务，为用户创造价值。所以与其什么热点都追，花大量时间和精力创造所有人喜闻乐见的内容，还不如仔细思考清楚基于你的业务，什么类型的用户才对各级转化有帮助，专注于你的用户就足够了。

误区四：只关注内容生产，忽视了推广的投入。

内容是需要推广的，即使看起来很有传播力的内容，它们甚至更需要推广，也更值得推广。带有品牌信息的刷屏案例只是因为内容做得足够好，形式足够吸引人，这种观点是大错特错的。既然是营销，势必涉及推广，如果没有必要的助推，再好的内容也无法发挥传播的威力。根据美国内容营销协会的研究，一般情况下花费在内容传播上的资金是内容创造的 3.5 倍，并且这一比例会随着公司规模的扩大而增加。我们看到的很多大牌的刷屏级内容，只是他们营销推广手段的冰山一角，水面下更多的是对用户需求的研究、渠道的选择和建设、KOL 的投放以及平台流量包/增值服务包的购买。只有把这些综合在一起，才能达到霸屏效果。

误区五：内容营销效果应该立竿见影。

做企业内容营销的员工会面临来自领导或财务的压力，即发出去的每一篇文章都能带来下载量或者注册量的新增这个压力，对内容营销的考核也要立竿见影的成效。如果没有这样的效果，就是内容营销没做好。但内容营销是一个商业推广的过程，即明确目标用户的需求，然后用定制的内容通过相关营销渠道进行传播，以绩效指标检测内容的影响力。内容营销在今天被认为是改变传统广告、公关活动的新的沟通方式，正是因为它足够“软”。通过内容与用户建立关系和黏性的过程中，是需要一定的时间跨度才能转化的，不仅需要耐心，更需要我们通过系统的规划打出组合拳。通过内容营销和促销、福利或者其他市场活动，实现品效合一，而不是寄希望于一次内容爆款就能单独带来品效合一的功效。

3. 首席增长官与首席营销官的平衡点

2017 年 3 月，可口可乐公司宣布在马科斯·德昆特（Marcos de Quinto）退休后，将不再设立首席营销官（Chief Marketing Officer），而用新的岗位首席增长官（Chief Growth Officer）替代，首席增长官向 CEO 直接汇报，这个岗位把客户洞察、战略以及市场领导等多项职能合而为一。首席增长官这一职位的出现，具有里程碑式的意义。率先做出这一改变的可口可乐是一家以品牌营销见长，乃至将营销作为核心经营能力的公司，他们认为过去的营销没有承担起市场增长战略的角色，未来可口可乐的营销应从品牌导向走向增长导向。

弗朗西斯科·克雷斯波（Francisco Crespo）开始担任可口可乐第一个首席增长官，负责统筹战略、营销和数据洞察，首席信息官巴里·辛普森（Barry Simpson）也只需要直接向CEO汇报市场增长、创新增长、数字化转型等信息，这些信息都被放到CEO议事日程的第一页。

增长，成了战略重心。营销也在向市场增长战略转型。

我们之前提到过，德鲁克认为企业有且只有两个基本职能，即营销与创新。但这个“营销”是真正驱动公司业务增长的营销，是以市场来组织企业内部资源的营销。首席增长官的设置，并非新瓶装旧酒，而是把“市场增长”这一组织系统要指向的根本目标显性化，将用户管理、市场洞察和战略融为一体，由首席增长官统一管理。可口可乐公司的这一举动得到了欧美公司的积极响应。无论是大型企业，还是创新型企业，只有把营销上升到增长的维度，营销才具备其本身应该具有的战略意义。

过去，企业面临的普遍问题是营销和增长的脱节，许多公司的CEO对营销感到失望，因为它不能带来显著效益。营销部门越来越被看作“花钱的部门”，而不是“赚钱的部门”或者“值得投资的部门”，更远远谈不上把它看作“增长中心”。尽管企业极力在宣传要“以用户为中心”，但是营销的影响力事实上正在削弱。《经济学人》杂志曾对世界500强企业CEO的背景做了一个调研，结果显示这些企业的CEO中有46%是从财务部门晋升上来的，CFO（首席财务官）从20年前开始一直是CEO后备军的第一选择。企业不是一直说，增长的核心动力来自客户吗？到底是财务人员离客户更近，还是市场人员离客户更近？有营销背景的人员成为CEO的比例逐年降低，甚至在一些以营销为增长目标的快消品公司，近些年也凸显出这样的趋势。

营销如何才能恢复市场竞争的核心地位？尽管营销作为职能一再地衰退，营销的必要性却越来越大，而这种必要性，就是回归增长。从2017年到2019年，领英招聘平台上每年都有10000多家公司在招首席增长官这一职位。但到了2020年，不少公司开始重新设置首席营销官这一职位。其背后的原因是，不少企业开始注意到一味强调增长的短视，因此，纷纷开始寻求“品牌的长期效益”和“用户增长短期效益”的新平衡。其实这又回到内容营销这个平衡点上来，一个健全的内容营销体系是所有营销方法中既有可能满足销售增长的短期利益，又能沉淀品牌、维系品牌长期资产，还能通过长期持续地运营，逐步建立起企业无形的媒体资产的高效方式。

4. 三大视角看透内容营销的业务价值

价值具有不同切割面，也决定了看待它的方式具有多样性。我们从私域流量建立、用户与品牌运营以及商业价值三个层面分别看看内容营销的价值。

（1）私域流量视角

私域流量是一个和公域流量相对应的互联网运营的概念，传统的公域流量指的是那些流量巨大的互联网平台，如淘宝、百度、微博等，只要企业预算足够，就可以持续不断地获取新用户。私域流量指的是企业不用付费，可以在任意时间直接触达用户的渠道，如自媒体、用户群等。这个概念的诞生折射出一个问题，公域流量池的“流量红利”见顶，企业想获取线上用户的成本越来越高，陷入了流量焦虑中。另外，私域流量这四个字过于冷冰冰，缺少了“用户”“消费者”这类字眼的温度，企业在做用户运营时，仍要始终“以用户/消费者为中心”。

那么做私域流量到底有什么好处？

一是性价比高。私域流量几乎是免费的，运营私域流量相当于去中心化，直接跟熟客建立联系，省下了渠道推广费不说，熟客们还愿意为你将产品分享给更多用户，这等于又帮忙免费做了宣传推广。私域流量的长尾价值很高，价格又接近免费，而在这以前是要花钱做广告进行推广的，所以你连接的用户越多，你的营销成本就越低。

二是更丰富的营销玩法。私域流量的运营能够让商户与消费者更亲密地连接在一起，商家可以基于产品做延展，不管是二次营销还是多元化营销，只要输出的内容不让人讨厌，就有助于销售。商户通过与用户的频繁沟通，在私域流量池内沉淀下来的数据也更精准和高效。商户针对用户的购物频次、偏好等属性为用户建立起极具个性化的消费标签，用心的商户甚至不用等消费者开口就能提供个性化的产品服务，无形间又提升了消费体验。私域流量池属于品牌方，数据的可获得性使商户与用户的配合默契度大大提升，针对这些可视化的用户数据，商户可以逐步建立起品牌的用户圈层，不管是推送广告还是产品信息都能精准触达，营销服务效率显著提高。

三是更高的客户稳定性。运营私域流量可以有效地防止客户流失，尤其是熟客。当然，不是说做了私域，客户就不会流失，而是说通过运营私域流量，跟用户建立起情感互动，你推荐的产品他们不会条件反射般地当作广告自动屏蔽掉。你的善意提醒或者走心的推荐也会让客户稳定性越来越强，不容易流失。现在很多商户都会通过私人关系为客户提供订座、专属折扣或 VIP 服务，平时和客户拉拉家常，给他们的朋友圈点赞、评论。你在他们面前曝光机会多了，也能起到唤醒用户记忆的作用，回购和复购的机会也就大了。

四是更有助于塑造品牌。好的品牌就意味着好的口碑，可以在某种程度上帮助用户缓释选择困难症，也是用户对企业精神层面的认知和信任。品牌塑造的过程就是用户忠诚度建立的过程，通过产品服务把同样兴趣爱好的人聚集在一起，这些人叠加的影响力不可小觑。不管公司大小，掌握私域流量，都能有效地促进用户沟通，增加粉丝黏性和客户忠诚度，提升销量也将会是一个正相关的过程。华为、小米这些品牌都有自己的粉丝论坛，在产品发展过程中，“花粉”和“米粉”对品牌的崛起起到了非常重要的作用。

(2) 用户与品牌运营视角

内容营销既可以贡献销量，又可以服务于声量。前者从流量逻辑出发侧重于产品转化，相比于其他投放方式，通常具有“低成本、高转化”的特征，是“动能”的衡量标准；后者看重对用户心智的影响，侧重品牌等无形资产的沉淀，形成长尾效应，并且这种效应是内容营销的独有价值，是“势能”的衡量标准。内容营销区别于广告投放的获客方式，生产出来的内容会因为被广泛传播和沉淀，持续地释放营销效力，为企业源源不断地带来新客户，内容质量越高，其生命周期就越长久。最关键的一点是内容能有效地筛选用户。

先说销量方面。参考用户增长的 AARRR 经典理论，内容会分别作用于用户成长的每一个阶段，内容营销最大的价值在于扩大顶层漏斗的口径，提升每一层漏斗的转化效率，即大量引流后，提升获取到激活、激活到留存、留存到收益、收益到用户自传播的各自的效率。具体来说，这五个阶段包括——

用户获取（Acquisition）。内容是获取用户的第一入口。因为内容，潜在的用户首次接触到产品，方式包括搜索引擎发现、点击网站广告进入、好友分享推荐、公众号的推文或小红书关于产品的笔记等，都可以变成获取用户的内容。

用户激活（Activation）。获取用户后，下一步是引导用户完成某些“指定动作”，使之成为长期活跃的忠诚用户。“指定动作”可以是填写一份表单、下载一个软件、发表一篇内容、上传一张照片，或是任何促使他们正确而高效地使用产品的行为。提高活跃度有以下几种方式：对用户进行针对性的消息推送、设置话题让用户参与讨论以及让用户自己生产内容。用户将自己原创的内容通过互联网平台进行展示或者提供给其他用户是非常有可信度的。当然，这往往需要奖品的激励。

用户留存（Retention）。用户来得快，走得也快。产品缺乏黏度会导致一方面新用户不断涌入，另一方面他们又迅速流失。通常留住一个老用户的成本要低于获取一个新用户的成本。因此提高用户留存率，是维持产品价值、延长产品生命周期的重要手段。可通过搭建用户成长体系来提高留存率，如签到系统、会员系统、任务系统、活动系统、积分系统等。这里的每一个设置都需要内容支持。

获得收益（Revenue）。互联网时代的免费产品也应该有其盈利模式。可通过定期或不定期的促销活动，或者是以抽奖方式派发一定力度的优惠券促进订单转化。比如，根据特定用户群派发不同的礼包，包括新手福利、老用户福利、首单返利、满减、补贴券等方式，我们通常称这类内容为“福利型内容”。

推荐传播（Referral）。社交网络的兴起促成了基于用户关系的病毒式传播，这是低成本推广产品的方式，运用妥当将可能引起销量爆发式增长。推荐传播，包括自发传播和利益驱动传播。自发传播依托于优质的营销内容和产生实在价值；利益驱动传播依托于相对比较有诱惑力的奖励，驱使老用户进行分享拉新，这种类型是营销活动最常用的手段之一，可通过邀请有礼、拼团、助力、集卡、分享奖励等活动达成传播效果。

说完销量，我们再来说说声量。声量其实就是“好名声”。为什么社交媒体上几乎见不到香奈儿等顶级奢侈品主动发布一些很接地气的内容？是这些奢侈品品牌不需要内容营销吗？绝对不是！相反，他们很清楚内容的价值和目的，只选择符合其品牌战略的内容与大众对话。运营奢侈品品牌如果只是一味地奉承用户，只会削弱品牌价值，而适当地保持某种距离，才是品牌能经久不衰的秘密。所以奢侈品品牌会找顶级的代言人，合作大师级的艺术家，只跟同量级的品牌“跨界”，拍最贵的广告……这些是不是内容营销？当然是！但内容的价值在这里大幅度地倾斜于品牌塑造。想一想，为什么每次 iPhone 新品上市时，大家会那么热衷于传播 iPhone 拍摄的宣传短片？那些极具符号和艺术隐喻的宣传片让大家认定那就是好内容，然后不知不觉地认定 iPhone 手机就是高端手机。

在实际操作中，首席营销官经常会被一个问题困扰：到底要不要花巨资制作一系列非常理想主义的内容，拍出来万一“不火”怎么跟老板交差？这个问题要视具体情况而定。但有个思路可供参考：如果这个内容真的很重要，能够在很长的一段时间内（如十年）解释清楚品牌的价值观，成为留下来的品牌资产，那只要做出来就是极大的价值。内容发布后短时期内能不能火并不重要，重要的是很久之后，当用户在互联网上试图了解这个品牌时，这个内容仍能影响用户决策，这样的内容就非常值得做。至于“火不火”有时真的凭运气，这是事实。

（3）商业价值视角

有些营销人员过度关注业务本身，为了做活动而做活动，忽视了自身的工作和企业盈利的增长到底有何关系。想不清楚这个问题，营销工作的真正价值也得不到释放。想解决这个问题，你得清楚你的企业是怎么赚钱的。这里有两个通用公式，利润=销售额×利润率-成本，销售额=流量×转化率×客单价×购买频次。要实现企业的最终盈利，或者说增加利润，可以从四个方面进行拆解，即提高销售额、提高利润率、控制成本和活用“增长杠杆”。比如，很多餐饮门店营销活动层出不穷，但活动搞得越多，最后倒闭得越快，问题出在这些营销活动只停留在“提高用户量”的层面，在用户价值（如用户的客单价和留存）和成本控制上却始终没有做过任何改进。

为了提高销售额，根据上面的公式，可以通过提高用户量（流量）、转化率、客单价、购买频次的方法来实现。

流量分为付费的和不付费的：付费的流量即找到与业务匹配的渠道来采买流量，最常见的就是广告；不付费的流量可以分为自然流量和现有流量。自然流量其实还可以拆解为因为品牌推广主动上门而对产品已有认知的流量和对产品暂无清晰认知的泛流量。比如，线下门店的自然流量最常见的是路过商店门口的路人，电商店铺的自然流量是搜索时看到某家店的用户。线下门店需要在店名、门头设计和广告标语上做优化，增大转化率。线上电商更多的是在产品关键词、展示界面等方面进行优化。现有流量即常说的“存量用户”，设计用户转发激励机制和优化产品的自传播机制，是运营存量用户的方法。

提高流量的转化率，对最终的收益也是关键性的影响因素。对线下实体门店来说，体验第一，导购话术、门店动线等都要精心设计。对于线上电商店铺来说，要考虑诸如注册转化率、购物车转化率、下单转化率、支付转化率等环节。这些都属于“对”的营销内容的强力支撑，是内容营销的范畴。

看到客单价，很多人会以为贵的东西就是好的，便宜的东西就不好。其实，价格也会影响用户量。产品价格或服务价格与同行比到底是高了还是低了，这个和公司内部产品体系以及外部的市场环境有关。在提升价格之前要考虑用户的价值感受，因为用户可能不了解你的成本，他们并不关心低价是否可以让商家存活，而是关心这个商品价格和价值是否值得。比如，同一瓶可乐，便利店卖 3 元，西餐厅卖 15 元以上，这就是场景的衬托作用。用户不关心你的成本，只关心自己的感受。所以，营销人员就是要让价格和价值相匹配。比如，给产品提价的同时，要在产品的品牌定位、包装设计、售卖渠道等方面进行优化，这样才能让用户感知到产品价值，愿意为高价买单。

利润率主要与商品的采购价和销售价密切相关。想提升利润率，要么降低采购成本，要么提高零售价格。但在激烈的竞争环境中，提高零售价会影响市场销量，价格是一把双刃剑，要在采购价和销售价之间实现动态平衡，既满足市场竞争需要，又提升企业的利润率。

控制成本也是提升利润率的手段之一。企业运营的成本有固定成本和流动成本两类，前者指的是不随着销售数量的增加而变化的固定开销，如房租、设备投资的摊销、每月的人力基础工资等，而后者指的是卖出一件产品产生的成本，如销售一杯奶茶的原料、杯子等成本。固定成本不变，想提升利润得控制流动成本、最大化利用资金，这需要营销职能负责人和企业负责人高度配合才能做好。举个例子，海底捞是连锁品牌，并且品牌效应够强，在供应链和商场进驻方面就有成本优势。而海底捞在人工工资和培训的运营成本上高于30%，这个数字远高于绝大部分餐饮店，这是因为它想突出的价值就是服务，这方面的成本绝不能省。

活用“增长杠杆”也是营销直接贡献盈利增长的方法之一。“增长黑客之父”肖恩·埃利斯（Sean Ellis）指出，要找到一个“啊哈”时刻，然后放大。这个“啊哈”时刻就是最让用户惊喜、爱不释手的特征点，也是与其他竞品不同的点或者是还没被发现的点。对于企业来说，要不停地关注各级转化率，一旦发现某个转化率比同行高，就可以用“假设—测试—优化”的方式确定某个具体的点，然后放大它。比如，有些餐馆发现客人特别喜欢酸菜鱼这道菜，反馈很好。企业营销人员就可以把它主推成“爆品”，经过验证发现真的因为这道菜吸引了更多用户，甚至可以专门拿这道菜出来做成单品加盟品牌。

以上，都是内容营销的价值。

第三章　内容营销的分类与策略

我们对产品品类的理解可以借由六个维度：一是消费频率，比如外卖是高频业务，卖车、装修房子是低频业务；二是产品的标准化程度，比如3C电器的标准化程度很高，但SPA馆这类倚重个人提供服务的业务标准化程度很低；三是消费者决策难度，比如买串珠宝和买杯奶茶对于大多数消费者来说绝对是两码事，决策难度肯定不一样；四是价格，高客单价的产品更要让用户感觉物有所值才行，价格是营销决策的重要因素；五是复购情况，比如奶粉是一个复购率很高的品类，妈妈们发现某款奶粉营养均衡，宝宝又爱吃，那么她们基本就会认准这个品牌长期购买；六是认知程度，比如肉是认知程度很高的品类，但人造肉还属于一个新品类，市场认知度很低。

结合六个维度，我们来看看盒马鲜生和共享住宿平台Airbnb的内容营销的差别。同样是线上交易平台，盒马鲜生的内容营销逻辑和Airbnb的逻辑完全不一样。前者的业务是基于SKU（Stock Keeping Unit，库存量单位）逻辑的，通过自建自媒体矩阵，向用户传递盒马鲜生这个平台上供给的“新、奇、特、丰”商品，比如只有盒马鲜生有而别家没有的奇物，像特别小众的进口水果等，使用户种草后在盒马 App 上下单，或者去附近盒马鲜生实体店购买。Airbnb 是享誉全世界的民宿平台，业务是基于 LBS（Location-Based Services，基于地理位置的服务）逻辑的。市场初期，民宿业务是典型的供给驱动，它的内容营销由两部分组成：一是告诉有出行意愿和住宿需求的用户，在 Airbnb 平台上展示有各式各样的奇屋，用户可以住在悬崖上、荒漠里、星河下等，但因为民宿是基于地理位置的业务，用户从被种草到下单，再到出发，最后去住，相对于买生鲜来说是一个“重决策”，所以平台需要树立品牌，反复告诉用户“去那儿吧，那儿有你的诗和远方”；二是鼓励更多人加入房东行列，丰富房屋供给，所以 Airbnb 内容营销的另一个重点是告诉用户如何成为新手房东以及新手房东如何做好管理，提高入住率、提高收益等。

第一节　营销型内容的七种分类

从上述的品类认知看内容营销可以有很多不同的动作，反过来说，内容营销依据生产者的不同也可以分成不同的类型。本书采用二分法，即 PGC（Professionally Generated Content，专业生产内容）和 UGC（User Generated Content，用户生产内容）两种。不论是企业自建内容营销团队，还是把内容生产外包，或者是通过“KOL 和 KOC 投放”的方式实现内容生产，本书把这部分内容都归为 PGC 型内容，另一部分则是 UGC 型内容，由产品的真实使用者即用户来生产。PGC 型内容的优点在于可控性强、可持续性强、内容复用率高，甚至有办法做到量产，其缺点是基于企业的传播往往不容易被信任；UGC 型内容的优点在于可信度高，是促进销售转化的关键信息，其缺点是不可控性强，可能有负面信息、不容易规模化、效果难以衡量。

对于企业来说，用对了内容营销的“内容”就是事半功倍。明确了目标和价值后，为了提升效率、扩大规模，内容营销可以尽量做到把内容标准化。结合市面上的商品和服务，我们把内容大致分为七个类别：攻略记录型、开箱/评测型、种草型、科普新知型、情感型、创意型和福利型。这七类内容并非泾渭分明，在内容生产的具体实践中，往往会结合场景交叉组合。比如，企业在小红书上发布了一篇口红新品的种草笔记，笔记的末尾附上了粉丝福利，提高内容互动性。

结合用户决策模型 AIEPL，我们把不同内容的价值做一个简单分类：

表 3.1　内容价值分类表

内容分类	用户决策模型
创意型内容、科普新知型内容、种草型内容	用户知晓（Awareness）
	产生兴趣（Interest）
开箱/评测型内容、攻略记录型内容	备选品评估（Evaluation）
福利型内容	购买（Purchase）
情感型内容	忠诚（Loyalty）

这些类型的内容营销的具体呈现是不一样的。假如你是一家阳澄湖大闸蟹品牌的内容营销负责人，企业除了蟹坊酒楼，还有几百亩养蟹基地，如果不考虑业务目标，你会怎么做内容营销？在攻略记录型内容方面，可以是美食探店。近几年网红店的兴起与美食探店类内容有密不可分的关系，美食探店除了呈现菜品，还可对蟹坊酒楼的就餐环境、养蟹基地等进行直观展示。在测评、种草型内容方面，高品质的测评、种草内容向来是交易转化的“催化剂”，美食类产品也不例外。美食测评类的意见领袖对不同产地的大闸蟹进行品尝，对比口感、形态、大小等，再辅以极具个人特色的语言风格，其公信力优势对大闸蟹这个品类也很奏效。在科普新知型内容方面，可以用故事性的方式呈现美食，讲述阳澄湖、养殖基地的风土人情、吃蟹的文化、养蟹人的故事等，为品牌和产品赋予人文情怀。在创意型内容方面，可以结合大闸蟹的花式烹饪方法，满足用户的猎奇心理。至于内容营销的形式，通常有图文、音频、视频等，结合上述语境，可以通过和意见领袖合作生产很多种草型内容，用一条内容有深度且具体的中长视频来增加用户的认知深度。

1. 攻略记录型内容

攻略记录型内容指的是围绕“吃住行游购娱”等用户需求，结合一定场景，为用户提供翔实的出行资料、玩法指导、体验感受等的记录形式内容，它讲究内容的全面性、实用性、独特性、时效性。全面性即资料详细，通常包含了路线推荐、“打卡”信息（餐厅、住宿）、交通信息、价格、省时方法及其人文背景等；实用性即这类内容分享的信息贴近事实，具有较强的指导意义，对于用户来说可以参考甚至直接套用；独特性即除了尽人皆知的信息，还要挖掘出不为人知但具有极高价值的“打卡点”，为用户决策提供帮助；时效性即攻略可以结合节气、节假日等时间点设置提醒信息或建议。

服务类行业首选攻略记录型内容，如旅行、医美、餐厅、艺术馆、民宿平台等。从用户运营的大面上说，一条好的攻略的价值至少有三层：一是为未决策的用户，加深他的出行体验意愿；二是为决策了但未消费的用户，加速他的到店转化；三是为已经消费和体验过的用户，刺激他的分享传播。目前，攻略记录型内容最常见的形式是探店打卡短视频。从企业层面来说，探店类内容创作者通过视频向观众（潜在消费者）提供目的地商品或服务信息，达到为目的地曝光、导流的目标，或直接促成第三方交易。

结合美食餐厅的探店攻略型内容，我们来看看它对于业务的价值。第一，对于用户来说，提升了作消费决策的效率。以往人们有餐饮消费需求时，通常会选择电商服务平台，对食物、人均消费等细节详细了解后再决策。当下流行的美食达人探店短视频将内容、信息获取融为一体，从信息流的层面大大降低了用户的交易成本，人们在娱乐、消费内容的同时，也获取了商家、招牌菜品等重要信息，省去了自行查找、判断的时间，提高了决策效率。第二，对于商家来说，利用内容获取的顾客更精准，尤其是本地美食推荐类红人，他们的粉丝群体也以当地常住居民为主，这种方式的内容营销传播范围广、信息触达率高，转化率也相对较高。第三，对于美食达人来说，尤其是做区域美食内容的达人，他们的粉丝群体精准垂直，因此帮店家做线上推广有天然优势。此外，与商家进行合作时可以通过多种方式进行资源置换，如用户关注达人账号可享优惠等，达人在获得各种显性收益的同时还能获得流量。

与探店打卡的视频型内容相结合的业务形式多是单体自营，那么传统的图文形式的攻略内容还有没有价值？视频文本丰富的是信息流的宽度，吸引的是“泛流量”，而图文文本在用户有明确目的时仍能发挥很大作用。比如，民宿平台是典型的双边交易平台，像美团民宿，它既不是旅行类媒体，也不是旅行类内容社区，因此布局内容营销时要清楚攻略记录型内容的业务价值到底是什么。基于LBS逻辑业务形态，地理位置在内容营销中是一个很重要的点。许多城市著名景点的周围都有丰富的民宿供给，如上海的“巨富长”(巨鹿路、富民路、长乐路)、外滩附近，曼谷的考山路……相比酒店，民宿的性价比很高，这里的性价比包括但不限于同等的价格民宿面积更大、同样的景观民宿价格更便宜等方面。因此，民宿平台可以筛选出许多热门“打卡点”，以这个点为圆心，以吃喝玩乐为重心，为用户做许多“大周边攻略”和“小周边攻略”，为那些有明确出行意愿的用户提供内容服务。

目前，市面上诞生了一类新的攻略型内容：宅家攻略、云旅行。

2020年，各社交平台很流行“宅家旅行（Home Tour）”。我们可以从中受到启发：“宅内容”不仅适用于宅家，也适用于宅在酒店、民宿，即“可以在家玩什么”约等于“可以在酒店、民宿玩什么”，把“宅在家”可以玩什么、做什么来做一些明确的指引，同样的事情在酒店、民宿也可以做，从而生产出有趣的内容。很多人去三亚、莫干山其实是为了住酒店和民宿。在用户无法出行、不愿出行的场景下，“云旅行”和“宅家攻略”可以用丰富的内容结合住宿型业务，持续作用于用户心智，达到种草效果。

2. 开箱/评测型内容

开箱/评测型内容指的是以一定的维度（通常围绕颜值、卫生、安全、价格、体验、质量等），针对不同的目标人群（如学生、白领、亲子家庭等），结合一定的场景或主题（如节假日、性价比、情侣约会等），对某个商品或者服务本身进行横向和纵向的比较，辅助用户决策。

我们之前提到过，结合“相对价格”的概念，依据信息的不对称程度，把消费品分为搜寻品、体验品、信任品三类。品质有保证的搜寻品的标准化程度很高，如iPhone手机，很适合在新品发布的时候，邀请达人做开箱型内容营销，对收到包裹、打开包裹、拆开包装、实际体验的过程进行记录分享；需要亲自体验后才知道产品是否有保障的体验品也很适合做评测，金秋是吃大闸蟹的好时节，有不少美食达人会做相关的评测型内容，从各个维度进行分享，如

《9.9 块、99 块、199 块、299 块一只的大闸蟹到底有什么区别?》这类内容很吸睛；使用后或交易后也无法验证产品质量的信任品，如护肤品、保健品，按理来说是非常“不标准化”的，非标准化的商品从种草到下单对于用户来说是“重决策”。但聪明的商家往往会热衷于邀请达人对自己的商品进行各式各样的评测，旨在用一定标准化的维度突出产品的卖点，降低用户交易成本。举个例子，婴幼儿产品的特性在于妈妈们对产品的安全和卫生度要求极高。婴幼儿洗护产品的评测通常有 18 个维度：产地、包装方式、取用方式、取用感受、容量、价格、成分、泡沫、气味、质地、是否有防腐剂、抗菌剂、表面活性剂、功效、保质期、开封后可以使用的时间、吸收情况、保湿情况。所有婴幼儿洗护产品的评测内容都是按这 18 个维度或其中几个维度进行产品测评的。

于单体业务、自营型业务而言，很难自己生产评测型内容，所以评测型内容还是基于“内容合作”逻辑，企业选择“对”的达人或机构进行内容合作。站在业务的角度，好的评测型内容替代了产品介绍，扮演了“导购”的角色，帮用户完成了产品搜寻，甚至为粉丝谋福利，省去了讨价还价的环节，所以它的业务价值是深度种草、辅助用户决策、促进交易转化。而且好的评测能带来长期的收益，不管过了多久，人们要消费这款商品或服务时，还是会搜到这个评测视频，影响人们的消费决策。

开箱/评测型内容是消费反馈的升级版本。当然，能把评测内容做好的通常都是某个领域的达人，他们了解专业知识，然后用深入浅出的方式与消费者沟通。这也催生了一批专业的评测师，万物皆可评测，其本质就是趣味版的产品介绍与体验。据统计，2020 年 B 站上有 1 亿用户观看评测类视频，总计播放量达 200 亿，平均每人观看 200 个商品评测。评测的方式五花八门，比如，B 站上有一个 UP 主叫“Bigger 研究所”曾做过一期雪糕的评测，不但评测出不同的味道，还仔细到前调与尾调，专业且生动。这样的评测完全站在用户视角进行开箱探索与全面体验，然后给出相对专业的体验感受。

站在消费者的视角会思考一个问题，很多时候达人们的评测都是与企业合作的，这样的评测内容还可信吗？举李佳琦直播卖货的例子。商家请主播带货都要先缴纳一笔合作费用，并且主播还会参与销售分成。那么，李佳琦会不会欺骗消费者，把不好的产品说成是好的？如果真发生了用次品冒充优品的事故，通常不是在主播这个环节，而是在产品的供应链和选品环节。李佳琦更希望自己卖的都是性价比高的优质产品，而不是次品，不然积累起来的口碑会瞬间倒塌。在具体实操中，企业在与评测机构、评测类达人进行合作时，内容的“专业、实用、特色”直接决定了合作效果。

3. 种草型内容

对于企业来说，传统的营销路径通常是先打品牌，再卖产品。而社交媒体蓬勃发展之后，营销路径发生了转变，要么把一个单品

“打爆”，要么基于搜索逻辑去获取长尾流量，进而建立起品牌的知名度。这种转变让那些营销预算不丰厚的中小品牌多了一个提升销量和声量的办法。

新消费时代不少品牌专注于“搞流量+找卖点”的打法，背后的原因是技术变革、市场发展加速等。当然，正在崛起的年轻一代消费者（如“Z世代”）的消费动机发生变化，从品牌价值消费转到了产品本身独特的价值体验消费，这也让“找卖点”这件事变得格外重要。

种草营销模式绝不止适用于化妆品、快消品，任何行业的消费品都可以尝试，只要你能向目标人群传递产品的独特价值。比如，一些决策周期比较长的3C产品、家居用品、汽车等，内容种草的价值在于可以创造一种单独评估的环境，让用户沉浸式地感受产品价值，进而加速决策。

回到种草型内容的底层逻辑，即打爆某款单品和基于搜索逻辑获取长尾流量。

先说前者。打爆某个单品得先找出它的“种草点”，这个“点”越稀缺且能满足消费者需求，所须付出的引导用户的成本越低。但事实上有潜力成为“爆款”的产品并不多。“卖点”不鲜明是不是就一定不适合做种草型内容？当然不是，只是需要付出更大的代价。对于企业端来说，挖掘“卖点”是布局种草型内容前要做的功课。所谓“卖点”，就是解决用户痛点、痒点的方法。

什么叫痛点？就是一直没有得到很好解决/被满足的某一个用户需求。共享单车，解决了用户出行“最后一公里”的需求，即“最后一公里”打车难、打车贵、又不想走路的痛点；共享充电宝，解决了用户在外手机没电的即时性需求痛点；笔记本电脑解决了随时随地办公的需求痛点；中国“创意小家电”品牌小熊电器满足了用户“小且方便”的需求痛点，比如，做面食最麻烦的是揉面，很多年轻人不会揉面，小熊电器开发了和面机产品，这款产品可以自动发酵，帮用户直接做成面团。

不是每款产品都能用一种全新的方式去解决用户痛点，当功能型的种草点不明晰时，企业可以针对用户的痒点进行种草。比如，很多时候买奶茶不是因为好喝，可能是因为杯子外观好看、明星喝过、名字有趣等；买零食可能是因为跨界礼盒……这些都算是用户的痒点需求，有时候它带来的消费力甚至强过痛点需求。对于种草型内容，如果觉得产品本身没有什么可讲的点，不妨试试挠动用户的痒点需求。挠动痒点的常用方法有：一是提升颜值，从包装设计入手；二是通过跨界、IP 合作、创意形式打造礼盒，如各种化妆品的限量款礼盒；三是从使用场景和方式入手，如海底捞员工的现场甩面、在海底捞过生日的惊喜等；四是跟明星、头部意见领袖合作，塑造“×××同款”的概念；五是个性化定制，如可口可乐的专属定制易拉罐；六是给产品取个有趣的昵称，最简单的是根据产品外观来取名，包括瓶身的形状、颜色或者其他特点，如雅诗兰黛小棕瓶、兰蔻小黑瓶等。或者基于产品成分和功能来取名，如白泥面膜、鱼子面霜、神仙水等。取昵称有一个好处是有利于构建营销闭环。小红书、抖音、B站等是内容种草的阵地，当消费者被推荐了某款产品，一般还是前往淘宝、京东等电商平台下单。如果产品有一个很有趣的昵称，企业提前在各大搜索引擎、电商平台做好跟这个昵称相关的关键词优化，那么从种草到下单的链路会更顺畅。

不过，基于用户痒点式需求的产品内容种草在效果持久方面不如痛点，因为后者是切实地为用户提供了某个需求的解决方案，而前者更像是具有时效性的噱头。

以上都是基于单品爆款逻辑的种草型内容。我们再说一下基于搜索收获长尾流量的种草型内容。比如，你想买一个东西，但对这类产品不太熟悉或者不知道买哪个牌子好，于是打开小红书或抖音等平台去搜，搜索的关键词可能是某个品类名或者很具体的使用场景词，如一人食餐、冬天手套等，然后再去浏览搜出的内容。这时候，你是很容易被那些符合你需求的产品种草的。像小红书或抖音这样的平台，越来越成为消费搜索平台。

商家可以结合自家产品特点，尽可能多地找不同类型的达人合作，达人的粉丝量不一定要多，但是达人的数量一定要多，以量取胜。这时候发的内容就不像爆款打造逻辑那样是单一信息，而是要尽可能多元化，占领消费者的搜索词，如人群、使用场景、产品外观、功能等。这些内容投下去，刚开始可能会有比较明显的效果，如这个产品在天猫平台的搜索量突然增高，不过这个“激增”并不会一直持续下去，而内容会长期留存沉淀在互联网上，只要消费者搜索到对应词，商家的种草型内容就可以发挥效果，这就是长尾效应。

适合种草型的内容并不只有小红书一个渠道，微博和 B 站也有很多的用户。具体到垂直领域，三大平台呈现出不同的生态特色。微博各垂直类账号分布更为平均，美妆、时尚、亲子、美食等内容场景较为全面均衡，发展势头良好；小红书聚焦女性垂类，满足多个年龄层女性的需求，美妆、母婴品类突出；B 站独特的文化属性为科技、知识类内容的发展提供了土壤，主攻技术型的数码 3C 类内容数量持续增长。另外，这三大平台有着各自的互动方式，微博主要是评论，小红书主要是收藏，B 站主要是弹幕，用户通过互动表达对内容的兴趣与喜爱。

种草之后是下单。2020 年 10 月，咨询公司克劳锐（TopKlout）发布了《三大平台种草力研究报告》，报告指出从决策周期上说一周以内是从内容种草到下单的黄金时间，超过一周后用户记忆度下降，下单可能性进一步降低。客单价、品牌等也是影响下单的重要因素，而被种草后，用户遇到的二次、三次种草也会影响其下单速度，甚至促使其成为新的种草者。

4. 科普新知型内容

2020 年 2 月，一条名为《关于新冠肺炎的一切》的视频刷屏各大社交网络，10 分 18 秒的视频清晰地解释了新型冠状病毒肺炎究竟是如何发生、传播和感染的。这条严肃的科普视频彻底火了。视频发布后，原本在微博、微信上日均涨粉几千个的回形针自媒体在短短两天时间里迅速蹿红，微信涨粉 130 万个，微博涨粉 180 万个，B 站涨粉 50 万个，抖音涨粉 160 万个。人们开始注意到生产这条视频的“回形针 PaperClip”，发现它做过很多有趣的内容，如《过山车如何让你尖叫?》《为什么你炒股总是亏钱?》《造假币为什么这么难?》……这个严肃的科普自媒体，用近乎苛刻的要求，研究生活中每一个看似无聊的问题。高信息密度的内容、高度可视化的视频效果和毫不累赘的词句，让回形针的每一期视频都能把一件事情讲清楚。

除了回形针，科普内容的自媒体还有果壳、好奇博士、中科院物理研究所等。而一些网络平台，如 B 站，一直在布局知识类内容，大力扶持“知识类 UP 主”。2019 年 6 月，UP 主“老师好我叫何同学”的《有多快? 5G 在日常使用中的真实体验》在 B 站一炮走红，并被新华社、央视新闻等媒体报道；2020 年 2 月，《瑞幸咖啡是如何暴打资本主义的?》让“硬核的半佛仙人”成功转型成为 B 站知名 UP 主；同年 4 月，中国政法大学教授罗翔携手“法外狂徒张三”，凭借相声式法学课堂成为 B 站的新晋网红，让年轻人爱上《刑法》解读。

关乎安全、健康、硬核科技等的产品，适合做科普型内容营销。

这些产品分为两种：一种是具有很强的功能型卖点的产品，最后的使用者是大体量消费者，产品品牌可以通过与专业机构的内容合作，做品牌认知教育。这类产品通常是科技型的搜寻品，如 3C 产品，包括手机、液晶屏、AI 智能产品等。另一种是跟消费者发生“亲密”接触的产品，企业需要给自家产品打上“健康”的标签。在新消费时代，用户越来越关注健康话题。企业如果生产的是和人有接触的产品，比如食品、美妆、家居、个人护理等，“健康”这个产品标签还是很必要的。这类产品在制定营销策略时，要多思考结合产品特性与专业型意见领袖、机构做内容合作，这么做的目的是获得“信任背书”，树立品牌。

除了与专业机构和专业人士进行内容合作，企业自己也可以持续做科普型内容，这样做内容营销也是为了提升消费者对产品的信任。比如，蒙牛、三元、光明乳业一直在布局肠道健康产业，这个产业中有一家非常垂直的内容型平台“热心肠研究院”，它的微信公众号“热心肠先生”累计超过 110 万个用户，活跃用户有 20 余万个，囊括了中国关注肠道科学前沿的大多数人，包括基础研究者、临床医生、专业学生、企业的研发和管理者以及大众科普作者。他们在肠道健康产品的内容布局上已经非常体系化，“从激动人心的肠道菌群研究，到肠道菌群研究如何促进了营养学、免疫和感染、肿瘤和心血管等领域的研究进展，到科学研究带来的种种产业机会，又如何从产业机会中找到突破点，如何用产品经理的思维做产品，以及什么是学术营销，如何用好学术营销”①。热心肠研究院总结出健康产品塑造品牌的三个步骤：讲故事→创标签→固心智，并举出了三个产品标杆，即雀巢、达能和养乐多，都实现了让科研故事成为支撑品牌的核心资产。“讲故事”指的是持续做好严谨循证的品牌科学故事（如研发历程）的挖掘、创作和传播工作；“创标签”指的是创造出品牌的“科研标签”，比如让自身的科研成果得以有效传播，让品牌的科研标签被消费者有效感知；最终要实现的效果是“固心智”，形成坚不可摧的消费者心智，达到信任品牌的目的。

讲完食品内容操作，再讲一讲婴幼儿产品内容如何操作。婴幼儿产品是个很特殊的品类，家长对产品的“安全、卫生、健康”的要求极高。因此，口碑营销在母婴产品中非常奏效。作为品牌方，布局科普型内容，能有效地引导用户对品牌的正向认知。比如，“强生婴儿”结合产品拍摄一系列画面精致的《抚触教学》《宝宝沐浴教学》《宝宝润肤教学》等视频；“贝亲”采用动画风格的视频开设了《贝妈课堂》栏目，包括了沐浴、护眼、护牙、喂养姿势等主题课程；“松达”自建母婴专家团队，不仅有直播课堂，还在喜马拉雅和荔枝音频平台上开设了科普类节目，同时还成立了“皮肤研究院”，分享皮肤清洁、常见疾病管理、成长问答等内容。

科普型内容的运营极其讲究专业、实用，需要很“重”的运营。

① 做科普，食品企业为何不被信任？[EB/OL]. 搜狐网，2019-07-16.

企业在布局这类内容之前，一定要思考清楚它的价值与企业目标是否匹配，否则很容易劳民伤财。那么，是否有轻巧地做科普新知型内容的办法？也有！这种情况在传统行业的新品上线时常会用到。比如，快消品行业的“头皮洗护”和美妆行业的“气垫 BB 霜”刚出新品时都会进行一拨新概念的普及与造势，引领潮流。还有一种轻巧的做法，即给一个普通产品增加额外的购买价值，如口红还可以做眼影或腮红来用，这类内容符合“普通内容陌生化”的标准，并且是用户喜闻乐见的。

5. 情感型内容

攻略记录型、开箱/评测型、种草型、科普新知型这四类内容都是从产品方面出发，营造“产品动能”。而接下来要说的情感型内容和创意型内容，它的目的是营造“品牌势能”，但这两者并不冲突，对的情感型内容照样引爆业绩增长。

老照片修复这个小众行业，你听说过吗？视频号“时光雕刻大师傅”用几秒钟的视频，展示老照片和修复好的新照片的效果，再加上感性的音乐，唤起很多人的回忆。视频号发布的展示母亲照片修复对比的视频，一周内的播放量高达上千万次，点赞量超过 10 万。“时光雕刻大师傅”主创人周华有多年老照片修复经验，最初做视频号时更新得很勤快，尝试了许多内容方向，包括 PS 视频教学、搞笑内容等，流量数据很一般。他偶然尝试了一个新方向，即老照片修复，结果成了爆款，从此开启“老照片修复”的内容营销。周华认为“老照片修复”成为爆款有两个原因：一是照片对比鲜明，也就是原本照片破损比较严重，修复出来的效果比较好；二是人物特征鲜明，长得好看的人物更能引起情感共鸣。

最适合做情感型内容的是容易与人的情感发生交互的服务业，如心理咨询、医疗机构、音乐平台等，它能直接戳到消费者最脆弱的神经，使消费者从心底对产品产生好感，是沉淀品牌资产的方法。生产实体商品的企业如果做情感方向的内容，就要跟内容合作方一起对产品理念做很多“转译”的工作，找出某个场景下与目标受众的共鸣点。情感型内容的标准至少有两个：一个是有没有戳到观众的泪点、笑点，另一个是能否有机地带出业务。尤其是第一个，经过了多年“心灵鸡汤”的洗礼，用户对情感型内容的“免疫力”大幅拉高，想达到营销的目的，需要内容操盘手足够洞察人性且有深厚的人文情怀。另外，纵使“转译”工作做得完美，如果没有契合企业发展阶段，最后的效果也很一般。江南春在《抢占心智》一书中说：“很多新创品牌都存在这样一个问题：喜欢用比较优美感人的广告。一个人一旦有了光环，无论说什么、怎么说都是对的，但是在你还没有光环的时候，你说了一个感人的故事，即使大家因为感动记住了这个故事，也依旧不会用你，因为你没有给他们选择你的理由，刹那间的感动不能够改变用户的选择。”①

① 江南春. 抢占心智：产品与品牌快速崛起的引爆打法[M]. 北京：中信出版社，2018. 8.

讲到情感向内容，说一个中国台湾地区的案例。远传电信携手奥美公司拍了一个“2015 好好说”的系列广告，把镜头对准了五个家庭，进行了一场真实测试。首先询问被访者有没有在电话中对自己的亲人以不好的语气说话。接着通过问题进一步引导受访者回想当时的情形和语气，再将被伤害的亲人带到另一个房间给受访者打电话，最大限度还原“伤害当下的场景”，最后让受访者看到亲人当时的神态，突出短片的主旨“面对亲人，更应好好说话”，进而推出“开口说爱，将爱远传”的品牌口号，很多观看者动容落泪，也有很多人反省自己的行为。

电信属于服务业，和用户谈感情是理所当然的。那么，实体产品需要跟用户谈感情吗？比如音箱，最基础的功能就是放大声音，除非是专业人士，普通用户对音质的敏感度并不强，面对声音这种“看不到、摸不着”的卖点，如何输出营销内容？智能音箱小度是这么做的，把目标瞄准为有孩子的家庭用户。先立人设，小度音箱不仅能抖机灵，还很有温度，是很多家庭的音乐好伙伴。然后从场景入手，和目标用户建立更多的情感交集。众所周知，这一群体有一个典型的痛点是“给孩子辅导作业会产生很多亲子关系的冲突”，而小度团队基于这个痛点，创作了具有大众情感共鸣的《全国家长崩溃实录》视频，让用户笑着哭着就被打动了。

远传电信、智能音箱小度与用户情感沟通的方式其实是品牌结合某个特殊的时间节点（如年底回顾、新品发布、功能迭代）进行的事件营销。对于企业来说，可以结合业务特性适度布局情感型内容。对于决策者和使用者分离的产品的内容营销，通过情感型内容来做有利于树立品牌。举个例子。婴幼儿产品的决策者通常是母亲，产品的安全、卫生这些特征是她们最关心的，因此内容营销的重心是提升产品在消费者心里的信任感。比如，“贝亲”从夫妻关系切入，创作情感向视频《你不知道的那些小事》；“妙思乐”从妈妈角度拍过一系列视频《妈妈是第一次做妈妈》；“好孩子”从小孩角度切入，以《熊娃挑战赛丨晒视频，赢超级大奖!》为主题，在抖音、快手、小红书平台上发起活动，最后在服务号做优质 UGC 内容沉淀。

跟消费者谈感情比跟用户谈钱（包括优惠、打折等）难多了，并且从最后的效果看，通常只停留在消费者决策中的知晓（Awareness）这一层。但这是一个品牌树立、制造势能的必经之路，企业发展到一定阶段，是一个不错的“出圈”方式，比如褚橙。一枚橙子蕴含了“影响一代企业家的企业家”褚时健大起大落的人生经历，借由这样的关联赋予了褚橙文化层面以及价值观层面的表达，最后又以褚时健的故事来具象化表达。由此，消费者购买褚橙不仅是因为它味道好，也是基于品牌故事，如褚时健的创业精神、在人生失意时永不放弃的态度，而建立起来的信任感。

6. 创意型内容

同情感型内容一样，创意型内容也是服务于“品牌势能”，而非制造“产品动能”。有不便明说的产品或者有使命感的品牌都很适合创意型内容，有点像过去营销人口中的 big idea（大创意），越反用户认知，越能形成记忆点，刺激用户做分享，从而达到宣传品牌的目的。

第一类是不便明说的产品，比如杜蕾斯。为什么杜蕾斯爱在微博上插科打诨、嬉笑怒骂？这是一个不便明说的产品，只好采用“不正经”的方式让大家记住。后来有很多品牌、产品模仿杜蕾斯的内容套路都失败了，根本原因在于产品和营销内容严重错位。这类产品都喜欢采用艺术创意营销，好处在于通过艺术手法，弱化情境氛围，有利于大众传媒传播。同时借助艺术手法，可以隐晦但精准地传递品牌理念，让只可意会不可言传的品牌内涵被更多人感受到。

第二类是极具使命感的品牌。不得不又提到苹果公司，在最早一批“果粉”的眼里，苹果早就不是一个符号、一个概念、一部手机、一台电脑，而是一种抗争主流观念的精神代表。最有名的“苹果”广告《1984》和《致疯狂的人》是品牌界的经典之作。《1984》的背景地点是一个狭窄昏暗的空间，人们的表情是木然的，大屏幕上的演讲者在喋喋不休。在这样让人窒息的氛围下，突然之间，一个朝气蓬勃的女性拿着巨大的铁锤，挥向大屏幕。“苹果”就是那个挥舞铁锤的女性，企图打破枯燥和无聊的主流意识。通过一次又一次的精神宣言，“苹果”征服了年轻人。

福特汽车公司创始人亨利·福特（Henry Ford）也说过："如果我当年去问顾客他们想要什么，他们肯定会告诉我要一匹更快的马。"乔布斯和福特永远在考虑用户价值，而非简单的用户需求，所以他们的产品都被注入了精神力量，在一定的时间内，品牌势能坚不可摧。

这个时代，还需要 big idea 吗？当然需要，不过要在正确的场合做正确的事情。互联网的流量大致分为两种，内容社交流量和商业消费流量。内容社交流量指的是品牌在微博、抖音、快手、B 站等内容平台上开设主阵地后汲取到的流量，而商业消费流量指的是在京东、阿里系这类电商平台上获得的流量。在内容社区做商业广告肯定行不通，但如果在商业流量里做品牌营销呢？这是天猫支持品牌去做的事情。用户进入天猫品牌旗舰店想购买这个品牌的产品，那么在某个板块出现创意型内容，他们观看的意愿度会很高。对于品牌来说，这样的创意型内容有助于加深用户对品牌的认知。所以，创意型内容没有过时，只是要选对传播渠道。

当下都有哪些新鲜的创意套路？比如，反差萌、神转折、土味……反差萌是二次元词汇，指的是人物表现出与自身原本形象截然矛盾的特征，因为反差过大，颠覆了人们的认知而产生萌点，形成反差萌。《如果国宝会说话》这款由央视打造的综艺，你以为风格会严肃端庄，然而综艺在宣传海报中玩起了反差萌，如三星堆青铜人像的海报宣传语是"说我长得像奥特曼的别走"。神转折通常指的是结果与预料的差距极大的情节设定，过去常用于悬疑小说和电影等，其优势在于通过一次又一次的反转剧情，打破观众的固有认知，为观众带来新鲜刺激、与众不同的审美体验，如泰国广告中有许多经典之作。土味内容比较直白，以“土味情话”出圈，比如雪碧的文案“听说你爱喝雪碧！雪碧就不一样了，雪碧只喜欢呵护你”“你知道雪碧喜欢晴天还是下雨天吗？告诉你，雪碧喜欢有你的每一天”“雪碧，可以在你这买块地吗？什么地？死心塌地”。

为什么反差萌、神转折、土味等创意型内容，能在这个时间点击中用户？过去的品牌传播更像是“点对多”中心化的传播，品牌宣传什么，用户接收什么，讲究大创意。但如今是信息爆炸的时代，人人都是创作者，用户的口味越来越刁钻。他们不再接受那些自己不感兴趣或与自己无关的信息，而匿名的自发的“短平快”创意是符合用户习惯的文本语汇，并且越无厘头的内容，越能帮助人们转移注意力、释放情绪。

和情感型内容一样，创意型内容要做好需要很大的精力，做好了一鸣惊人，做不好就会显得矫情，甚至让品牌“掉价”。品牌在用情感型、创意型内容做大曝光时，一定要把握分寸，非常慎重才行。

7. 福利型内容

福利型内容其实就是结合不同形式的内容给用户发福利。福利是一个用户视角的词，站在企业角度，通常称为“用户补贴”。不论是福利还是补贴，都是用各种“价值物”与用户交换，旨在让用户更好地完成企业希望用户达成的动作。

结合内容营销，发福利这个动作是为了配合营销价值的达成，贡献于业务的销量和声量。贡献于销量的福利，通常会在特殊时间点，利用红包、返现、话费、现金奖励、折扣、满减等虚拟物，与用户直接沟通，让社交渠道里的大体量用户/粉丝以低于市场价的方式去消费某个商品或者享受某种体验，直接贡献业务交易量。社交媒体的价值是曝光与传播，传播的目的是将用户引导至商业流量中来，这类交易型福利往往是一剂把内容流量转化为商业流量的强有力的催化剂。贡献于声量的福利，我们暂且称为“互动型福利”，常用于企业内容营销的日常运营，通常以某个具有稀缺性的实体物品为“刺激点”，与社交渠道用户进行沟通，让更多用户/粉丝参与、完成一系列动作（如关注、分享、转发、收藏、点赞、留言等），提升互动指数。从广度来说，通过持续性、策略性地发福利，有利于用户规模的扩大和市场传播力的建设；从深度来看，有利于单个用户价值的不断挖掘。

为什么互联网产品可以先亏损再赚钱？跟福利或补贴策略息息相关。互联网产品的核心思路是用亏钱的方式培养用户习惯，当用户成长起来后贡献的利润覆盖了用户的总成本，最终就能实现盈利。用户的获取成本+用户的补贴成本<用户生命周期的价值，平台才能实现盈利，补贴的目的就是起到加速用户成长过程和延长用户生命周期的作用。但在实际操作中何时补贴、补多少、怎么证明不补贴

后供需关系还在，是一笔很难算的账。那些因补贴出局的企业，很大一部分是没有考虑到补贴是如何影响供需的，也许需求是靠补贴补出来的，补贴不在了需求就没了。

那么，什么样的福利最能吸引粉丝进而达到营销预期呢？

一是交易型福利，力度越大越吸引人。用户价值和企业价值存在博弈关系。站在企业运营的角度得先想清楚，为什么发福利，希望获得销量还是声量？为了“冲业绩”，给10个幸运用户各发一支最新款口红，鼓励其他粉丝下单购买更多色号，或者为了鼓励用户留言分享自己的故事，给所有用户发了一张“满折券”，这就是“目标与路径错位”的典型例子。企业应该先弄清福利的价值，选择相应的福利类型，再谈怎么把福利发得漂亮。交易型福利，通常是为了“冲业绩”，讲究“快准狠”。比如，瑞幸咖啡是“发福利”的标杆。瑞幸咖啡针对大体量粉丝的福利是“9.9元喝拿铁”“4.8折尝新品”等，发这些福利的目的很直接，让更多的人选择瑞幸咖啡，而不是去买星巴克咖啡。

交易型福利涉及一个经济学的概念，即价格锚点。价格锚点越清晰，用户对福利力度的感知越敏感。价格锚点指的是商品价格的对比标杆，它的逻辑正是让消费者有一个可以对比的价格感知。比如，在奢侈品行业有很多锚点商品（价格高得离谱的商品）所起到的作用就是充当“锚点”，操纵消费者心理。当然，锚点商品本身也供出售，但有没有人买并不重要，它存在的价值就在于与其他价格相对便宜的商品形成对比，在消费者心中挠痒痒：“好吧，几万块的限量款皮包买不起，1000 块出头的 T 恤总买得起吧！”消费者大都会避免购买最贵或最便宜、质量最好或最差的商品，而是选择相对稳妥的中间路线。如果是锚点不清晰的业务，比如民宿，怎么发福利？酒店一晚大概多少钱，用户心里基本有数；但人们对于民宿的价格感知很弱。民宿平台做补贴时需要做精细化运营：从人群看，对价格敏感度高的用户进行补贴；从用户的生命周期看，从对新用户到老用户的补贴力度可以逐步递减，从用户进入潜在流失期到流失期，补贴力度又逐步增大，直到用户被挽留……

二是互动型福利，是为了跟用户谈感情，追求气氛营造，即营造出稀缺感。互动型福利内容的目的要明确，到底是希望用户关注、分享、转发、收藏、点赞、留言等，还是结合品牌的事件营销、参与某个话题等，都要讲清楚。互动型福利的“稀缺性”可以少，但要好，比如，三个限量大礼包、一台最新款手机、两份 500 元电子券等。另外，还可以通过福利内容的设置营造“紧张气氛”，比如，活动至×月×日截止、留言点赞量前三名等。

是不是所有的互动都需要福利刺激？新世相是把 UGC 内容发挥到极致的内容社区平台，粉丝互动非常好，几乎很少用福利刺激，但粉丝黏性极强，背后的根源是粉丝在平台上获得了强烈的身份认同和情感认同。除去内容社区平台，追求持续价值的企业很难做到跟客户“只谈感情，不谈福利”。

不论是交易型福利，还是互动型福利，领取路径应便捷，并且与福利价值对等。交易型福利领取链路要尽量短，并且最好与交易界面打通，只有这样，才能让更多用户领完就用。至于互动型福利，要始终考虑用户所需付出的成本，“关注、收藏、点赞”属于较轻的互动动作，“留言”则较重，而“分享、转发，甚至参与某个品牌话题的内容共创并发布在×××平台”这类涉及个人价值认同的动作，对于用户来说是很重的，所需匹配的福利应该足够刺激才行，否则参与度会大大降低。

第二节　制定内容营销战略的六个步骤

艾瑞咨询发布的《2020 年中国内容营销策略研究报告》中提到，2020 年中国 71%的广告主想加大内容营销的预算。越来越多的企业注意到内容营销“四两拨千斤”的潜力，把它提到与产品一样高的位置，通过内容生产、分发、应用，筑高企业的“护城河”，引领企业的增长。所以，内容营销更像是内容战略。如何制定这一战略？

第一步，洞察业务。基于“企业、产品、用户”三者关系，通透地了解业务。只有清晰地掌握业务的发展重心和进度，才能制定出符合现状以及未来目标的内容营销战略。

第二步，规划内容战略，制定内容策略。内容营销战略由四部分构成，即目标、达成路径、效果评估体系、资源支持。目标与业务的目标高度一致；达成路径要讲清楚在某个渠道，通过什么形式的内容对什么类型的用户传递业务信息，以期达成什么目标；效果评估体系通常涉及三个指标，结果指标、过程指标、配对指标；资源支持就是要清楚自己手里的资源和周围或者对方能给的资源，如何进行资源互换。这里重点提一下达成路径，达成路径其实就是内容战略中的内容策略，包含以下五个元素：内容生产者、社交媒体(渠道)、内容、用户、营销效果。其中，内容策略要思考的事情有四点：一是谁来生产内容，二是内容主体有哪些，三是内容形式，四是明确内容受众。

第三步，制定传播策略。传播策略的核心就是探讨有了内容后如何善用各种渠道做好用户运营，提升产品的传播效率以及用户的自传播效率，帮助业务增长。站在企业运营成本的角度，可以把渠道分为三类。一是自有渠道。企业选择在有流量的社交平台、内容平台上开设账号进行内容运营，如小红书、抖音、知乎。二是付费渠道。企业通过付费使用的渠道进行内容合作和投放，如电台、电视台、报纸杂志、电商平台等，当然还有常见的平台信息流、SEM（Search Engine Marketing，搜索引擎营销）等形式。三是赚得的渠道。对于前两种渠道，企业能够掌握一定的主动权。而所谓赚得的渠道，更像是流量“路转粉”，用户通过转发、收藏等行为，帮助企业进行内容的再次传播。

第四步，制定效果评估体系。很多人认为做内容营销需要很感性，的确，没有一点感性和天马行空的创意，就难以生产出优质内容。但内容营销的从业人员应时刻记得“为业务增长负责”这一宗旨，只有这样企业才能健康发展，营销人员才能获得更多的资源支持。所以，内容营销从业人员要把“做得好，说得清”作为核心能力来培养。内容营销的效果评估体系有宏观和微观两个层面：宏观层面是检核在一段时间内整个职能的表现状况，微观层面可以细微到某一渠道在一段时间内的表现变化。这两个层面都需要用定性和定量相结合的方法判定，定性侧重于用户的反馈，定量侧重于检核指标的变化。基于评估结果要及时调整内容策略、传播策略，所以效果评估体系是动态的。

第五步，内容迭代和复盘。发布内容之后，我们还需要根据目标用户的变化调整内容，即进行内容的迭代。通过对数据的监控，可以得出各种各样的经验总结来进行优化，如吸引用户关注的内容有什么共性、流量比较多的渠道有哪些、渠道的投资回报率情况等。迭代和复盘的工作做多了，自然能整理出一套最佳模板，也能为后续的重复工作省下很多时间。通过对内容营销的把控，可以在竞争激烈的数字环境中，让品牌形象从海量的信息中脱颖而出，被人们接收到并产生有效沟通，让产品得到健康有效的运营。

第六步，逐步建立标准化、流程化的内容生产过程。企业需要整合内部和外部的内容生产资源，建立企业的专属内容供应链，从组织和流程层面确保内部内容生产的持续性和外部内容生产的主动性，并利用移动互联网技术、数据搜集和挖掘技术支持内容营销战略。

结合上述六个步骤，举一个母婴行业的实例。有一家日本母婴公司刚进入中国市场时，核心产品有两款，即宝宝的洗护二合一和宝宝乳霜，目标消费者是“85 后”精致妈妈。这个品牌花了两年的时间铺设大量线下渠道，如高端的商场、超市。2021 年开始发力线上电商平台，选了天猫作为主战场，把业务的核心目标定为“跑模式，冲销量”。跑模式指的是实现从外部种草到天猫平台下单的高效链路，冲销量则是指在天猫等平台实现线上销售额的大幅增长。

明确了业务现状与目标，我们结合产品进入品类和用户方的分析，得出三个极有价值的认知：一是母婴产品的特殊性在于决策者和使用者分离，并且依赖于决策者的喜好。比如，妈妈习惯用欧美系的护肤品，就会给宝宝使用欧美系的洗护产品；妈妈爱好日韩系的产品，也会偏向给宝宝用日韩系的产品。二是反复分析了电商平台的数据后发现，对于这两款核心产品，用户的消费行为习惯是有差别的。比如洗护品类，宝妈喜好搜“宝宝沐浴液”这种品类词，而乳霜品类，宝妈更习惯直接搜索品牌名称。这说明儿童洗护这个品类的市场集中度很低，呈离散状态，没有一家企业能绝对“称王”。因此，儿童洗护产品更适合在电商平台上花大力气直接搞流量运营，做销量转化。三是在品类特征很强的情况下，相比在电商平台上搞流量，不如前期在内容社区平台上做好种草动作更有价值。

比如，宝妈往往出于某个特殊场景，像小孩湿疹，才会主动搜索儿童乳霜品类，这就是说用户在消费决策前基本完成了产品评估的环节，这个时候就要把精力放在告诉宝妈这个产品如何安全有效上。

结合这三个调研结论，我们得出的内容策略是：在社交媒体渠道上，结合洗护二合一这个产品，生产优质的萌娃类内容，打品牌认知；结合乳霜这个产品，围绕它的功效，以评测型内容、科普新知型内容为主，深化种草。而在传播策略方面，根据先前的测试，我们选取了打造精致生活圈的小红书为主战场，结合洗护二合一产品的精美图文做信息流推广，扩大品牌认知；乳霜产品则结合内容侧重 SEM 运营。另外，选择达人咖位也采取梯度模式，以中腰部达人为主，利用好他们的内容制作能力和个人影响力。这一系列策略做完就进入日常运营，策略执行半年后，天猫平台上的品牌关键词搜索量大幅上涨，产品销量也跟着上涨。

第三节　内容营销的效果衡量

制定了内容营销战略步骤之后，如何衡量它的效果呢？我们在讲内容营销价值时讲过，从产品运营层面看，内容营销既可以贡献销量，又可以服务声量，前者从流量逻辑出发，侧重于销量转化；后者看重对用户心智的影响，侧重品牌等无形资产沉淀，形成长尾效应。其实，内容营销最理想的状态是——既叫好又叫座。“叫好”对应着内容营销效果的定性衡量，“叫座”对应着内容营销效果的定量衡量。

在定性层面，可以在两个方面衡量内容营销效果：一是主线清晰，不断占领和强化用户心智定位。内容的生产绝非随机、无序的，而是扎根于企业长期发展与品牌最核心、最深层的价值中，有核心理念与主线的支撑，从而不断地在受众的心里完成定位和认知强化。二是用户喜闻乐见，乐于传播。因为内容，志同道合的朋友聚合在一起，形成有特色的圈层、社群，他们具有强烈的内容消费和内容分享的意愿，能自发地帮助产品、品牌进行深度扩散。

在定量层面，做内容营销效果衡量的五个步骤包括选模型、定指标、搜数据、解读数据、优化内容。选模型时，如果企业的用户数据体量够大，可以套用用户增长经典理论 AARRR 模型；如果是偏线上销售转化的业务，可以采用 AIEPL 模型。这两个模型并没有本质区别。而指标的选取是个技术活，必须与商业模式的核心目标相契合，而且不同发展阶段关注的指标也不一样。要提防“虚荣指标”，即不能体现产品核心竞争力和产品真实价值的指标，比如，针对特定的业务，公众号阅读量没必要追求 10 万+，相比阅读量，用户的互动数据（如转发、在看、评论）和常读用户数等的优先级应该更高。

数据大致分为三方，第一方数据指的是企业自有的数据，包括企业在实际经营过程中产生并记录下来的所有数据（如公司沉淀的客户或者潜在客户的数据）、企业可以直接获得的各个消费触点上的数据（如公众号、官方 App 以及小程序上的用户数据）等；第二方数据指的是合作伙伴提供的数据，如上下游企业、广告/营销/运营技术解决方案提供商等提供的数据；第三方数据指的是没有直接合作关系的第三方为企业提供的数据，企业如果想获得这些数据通常需要在合法合规的条件下与对方合作，比如采买、资源互换等。

在社交媒体上做内容营销，这个环节产生的数据大多属于第一方和第二方数据。搜数据的环节就是建立起持续追踪各个触点与用户交互的相关数据的机制。在一些数字化相对成熟的企业中，搜数据只是一个基础性的工作，更有价值的动作在于打通各个触点，利用 IP 地址匹配等方法，来实现某种程度上用户行为的全域追踪。而对数据的解读和运用才能真正释放数据的力量，进而实现内容的优化。比如，市场上有款针对女性用户的燕窝产品，最开始圈定的客户是辣妈人群，内容创意围绕着“爱美、贤惠的精致妈妈”，投放后点击效果很一般。在对电商渠道后台消费人群的数据进行分析之后，发现买家过去六个月很少买宝宝用品，但在孕妇装这个品类里，消费数据明显高于大盘数据。而辣妈人群过去六个月买的都是纸尿裤、奶嘴之类的宝宝用品。数据比对后，营销人员认为燕窝产品的人群定位出了问题，备孕妈妈是目标消费群体，于是把投放的内容作了调整，强调“孕妇应该吃燕窝，一人吃两人补”，再把内容投放到市场，投资回报率明显提升。这是解读数据、优化内容的典型案例。

我们以 AARRR 模型为例，说说不同层级的漏斗对应的营销指标。

第一层是获取用户（Acquisition）。内容是获取用户的第一入口，如果这个社交平台的流量分发是倚重算法逻辑的机器推荐，如小红书、抖音、快手，这一层最常见的指标就是曝光，提高内容曝光率，让更多用户看到；如果倚重的是社交关注逻辑的渠道，如服务号，这一层最应该思考的就是“拉新”。

第二层是激发活跃（Activation）。当我们获得流量，获取潜在用户后，就要提高他们的活跃度。社交平台提高阅读量、点赞数、留言数等指标数据是这个阶段的重心，提升的方法有关键词优化、封面图设计等。服务号则要关心打开率、完读率、留言数等指标，提升的方法有优化标题、封面图，深化内容选题，精选互动玩法等。

第三层是提高留存（Retention）。留存可以反映出内容对用户的吸引力，反映内容是否真的解决了用户的某个需求，甚至关系到能否让用户对内容产生依赖，从而实现销售转化。结合内容营销渠道，留存阶段的常见指标有收藏、关注（新增粉丝）等。

第四层是获取收益（Revenue）。获取收益跟业绩最直接相关，用户留资、主动打电话联系、在线下单、购买产品、办理会员卡等形式，都应算是获取收益。

第五层是用户分享（Referral）。说的就是用户的自传播，即用户通过常用的社交媒体自发地分享某件事物。自传播可以帮助企业降低获取用户的成本，传播效果往往比企业的主动传播效果更佳。企业做营销时，要考虑激发用户自愿转发分享的动力，“分享率”是内容营销中极有价值的过程指标。

内容营销的日常工作中，还会涉及渠道合作与投放，相关指标如下：

传统排期广告中投放广告基本以 CPT（Cost Per Time，每时间段成本）和 CPM（Cost Per Mille，每千人展示成本）作为投放结算依据。微信朋友圈广告是按照 CPM 方式进行结算的典型代表。在视频中插入的广告按照播放数量进行结算，也采用了 CPM 结算方式。对于广告主来说，按照展示付费很难确定在广告播放时用户是否在屏幕前，也很难甄别是否展现给了真实的用户，所以采用 CPM 结算方式的广告效果监测一直是投放者的痛点。

随着互联网广告的大量投入，结算方式呈现多样化发展。CPA（Cost Per Action，每次行动成本）是一种按广告投放的实际效果计价的结算方式，即按有效的线索量（用户手机号和邮箱等信息）或注册量和激活量计费。CPA 是目前很多服务类企业在流量平台进行广告投放（如教育培训、婚纱摄影机构在今日头条上进行用户信息表单收集的广告形式）的重要结算方式。在互联网平台上，内容广告基本以按转化效果付费作为结算方式，CPC（Cost Per Click，单次点击成本）是一种按点击付费的效果广告的结算方式，如百度竞价广告、今日头条广告。还有一种效果广告的结算方式是 CPS（Cost

Per Sale，以实际销售的产品数量来换算广告金额)，淘宝客就是按CPS结算的典型代表，通过推广、销售产品赚取佣金。这种结算方式也逐渐被电商直播采用，一场直播需要支付多少广告费完全取决于带货主播的销售额，主播按照销售额的一定比例抽取广告费。CPS结算方式的优势是规避广告主的费用风险，让推广投入和销售直接挂钩。在预算有限或者对拉新成本严格考核的情况下，CPC和CPS结算方式是营销人员投放广告时最稳妥的选择。

投放指标对应着上述AARRR模型不同的漏斗层级，比如，侧重大曝光的CPM对应着获取用户（Acquisition)、CPC侧重于激发活跃(Activation)、CPS和CPA侧重于获取收益（Revenue)。从企业的整体运营来看，获取用户环节得依赖于内容营销，它能解决用户来源问题；激发活跃和提高留存得依靠过硬的产品；获取收益的环节得依靠健全的商业模式；分享的前提是用户拥有良好的体验。

第四章　内容营销，选对渠道事半功倍

第一节　社交媒体渠道那么多，到底运营哪个

上一章，我们谈了内容营销的分类和策略，那么有了“对”的内容，如何高效地传播出去是这一章谈论的话题。传播策略的核心是探讨有了内容后如何善用各种渠道，提升产品的传播效率以及用户的自传播效率，帮助业务增长。我们说过站在企业运营的角度，内容营销的渠道分为自有渠道、付费渠道和赚得的渠道。

表 4.1　内容营销的渠道类型

渠道类型	定义	例子	角色	优势	不足
自有渠道（矩阵 + 内容）	品牌自建新媒体矩阵	“双微一抖”等	与直接和潜在用户以及赚得的渠道建立长期关系	成本低、用途广、受众精准、有长期效果、企业可控性强	效果不保证，需要花时间长时间维持

续表

渠道类型	定义	例子	角色	优势	不足
付费渠道(曝光+合作)	品牌付费买来的渠道	付费搜索、信息流广告、KOL投放等	吸引眼球，激发讨论	迅速、范围广、可控	可信度低、花费昂贵、效果不敢保证
赚得的渠道(种草+互动)	用户口碑传播	用户口碑、病毒传播等	企业通过自有渠道和付费渠道的运营赚到的"用户自传播"渠道	可信度高、透明、花费低，是形成销售的关键因素	不可控、可能有负面评论

当一件产品具备了"产品"的定义后，自然会形成其内在价值。而从产品下了生产线开始，就面临一个很重要的问题——流通。产品只有能在市场上正常地运转和流通才是其得以生存的根本所在。目前市面上流行的社交渠道有微信服务号、订阅号、微博、小红书、知乎、抖音、快手……通过这些渠道，企业可以选择自主运营或与平台、达人们进行内容合作。

举一个例子，主打"95后"人群的新款手机上市时，新品发布通常会选取四个传播渠道即微博、抖音、B站、小红书联合发力。在微博平台做一场线上直播发布会，创造大众舆论，打响声量；在抖音平台发起全民共创大赛，引导用户展示内容创意；在B站平台

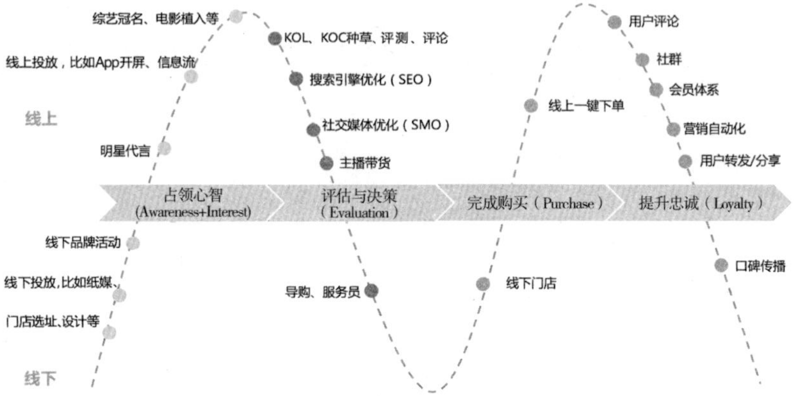

图 4.1　全渠道营销示意图

做开箱视频，跟科技类、生活方式类 UP 主合作；在小红书平台发布种草型内容，展示美好生活，如新款手机有夜拍功能，可以引导小红书用户晒出自己的夜生活自拍。

每个渠道都依据自己的特性有不同价值。大体上说，微信公众号适合构建私域流量，树立品牌形象；微博适合品牌曝光、事件营销、异业合作；小红书适合品牌种草、口碑营销、电商变现；抖音适合品牌年轻化、流量运营、电商变现；知乎对内容要求高，适合塑造品牌专业形象；B 站是年轻人高度聚集的文化社区和视频平台，适合品牌曝光和做产品测评；快手适合下沉市场，做企业直播。企业根据自身情况做系统的传播策略规划时，需要先弄清以下四个方面：

（1）渠道流量分配机制

这里的渠道流量分配机制指的是内容平台的游戏规则，这是企业方入局前要摸清楚的。这个游戏规则说到底就是内容平台（如抖音、微博、小红书等）如何把流量分配给内容创作者，或者说平台如何把内容推荐给用户。对于企业来说，需要思考的两个问题是：现在进驻这个渠道，它对新账号是否友好？只需要好内容就够了，还是需要很“重”的运营动作？

另外，渠道有新老之分。老渠道存在多年，好处在于流量和玩法稳定，缺点是获客成本高。新渠道的好处是获客成本低，缺点是玩法不透明，能不能聚集流量是个未知数。从可控角度来看，老渠道是首选。而从机会角度看，新渠道是首选。尤其对于中小企业来说，布局新渠道也许会有意想不到的收获。比如，伴随小红书崛起的完美日记，在国货美妆品牌中从“无名之辈”发展为“后起之秀”，短短3年就跑出了40亿美元的估值。现在还有红利的渠道是抖音、快手、视频号，这个红利指的是内容社区平台给予内容创造者的“便利”和“鼓励”。现在短视频平台内容基本稳定了，接下来是实现把内容社交流量转化为商业消费流量的阶段。直播带货是一种方式，但一定不是最终方式，这需要我们多关注平台的走向和新玩法，抓住下一拨红利。

品牌踩中平台红利，助推业务发展的例子有很多，举一个新渠道的新例子。汽车企业最近两年开始把销售战场搬到线上，越来越多的车企入驻短视频平台。购买汽车对大多数人来说是“重决策”行为，而且汽车这个品类带有一定的专业性，客户需要依赖专业人士辅助完成决策。因此，对于企业来说，为消费者提供信得过的专家型导购会推进消费者决策。一汽大众的涛哥是快手平台上卖汽车的高手，他说快手能让“老铁们”对主播产生强烈的信任感，曾经有一位内蒙古赤峰的“老铁”直接买票来到他所在的城市沈阳，找他买车。这让涛哥很诧异：“你知道我卖多少钱你就过来?”这位“老铁”回答：“我关注你四个月了，我信涛哥绝不会加价。”这就是平台沉淀出的“内容制作者与内容消费者之间特殊的‘老铁’文化”。

能带来这么稳固的用户，跟快手所采用的推荐算法（即流量分配机制）有很大的关系。现在绝大多数内容平台所采用的推荐算法均是根据用户画像和用户行为，结合内容的点赞数、粉丝数等硬性指标作为推荐逻辑。在这种相对灵活和自由的推荐机制下，马太效应极为明显：个别作品在流量灌入下形成正向循环，迅速上升为爆款，而其余同样有趣、但没受到流量关注的内容则很快被海量信息淹没了。快手的推荐机制引入了“基尼系数”调控，控制流量占有“贫富差距”过大，维持注意力资源的去中心化。

（2）渠道内容属性

渠道内容属性有两个维度，即渠道信息载体和渠道沉浸能力。渠道信息载体是渠道传递信息所用的内容表现形式，一般为文字、图片、视频、音频等。视频包含的信息量是最大的，图片和声音是最容易被人理解的，文字带来的想象空间和留白感受对于人来说是最自由的。渠道沉浸能力指渠道把人带入其中的能力，被带入的程度越深，广告的到达率就越高，消费者越不容易被外界的环境所干扰，就越容易被夹在渠道中的广告信息所触达。

比如，抖音的渠道信息载体是视频。如果只是视频展示，户外视频和楼宇视频的广告到处都有，但抖音的特点在于它的沉浸能力非常强，用户戏称“抖音十分钟，人间两小时”。因此，婚纱摄影（婚纱拍摄追求的是大片级的视觉效果，爱情是人类共同的情感纽带，可以引起共鸣）、手机游戏（精美的画质和震撼的动作，通过图文来展示效果会削减很多）、旅游（视频比图片的细节更多）、家装（前几年家装行业投大价钱搞手机 3D 体验间，滑动体验较差，效果不如直接用视频来展示）等注重体验的服务娱乐业很适合用短视频的方式去记录分享。

（3）渠道用户特征

没有用户就没有渠道，用户是渠道的根基。洞察渠道的核心用户群体，以及用怎样的内容和形式去影响渠道用户，是内容营销运营的必修课。

举个例子。知乎是问答社区，它的口号是“有问题，上知乎”，以让每个人高效地获得可信赖的解答为使命。我们来看看知乎的核心用户群体特征：百度指数提供的数据显示，知乎的用户多集中于北上广深杭等一线城市，20—29岁的男性为知乎主力用户。他们大致分为两类，一类是能够贡献高质量内容的“内容生产者”，另一类是对内容进行获取/消费的“内容消费者”，两类用户之间以及同类用户间又会发生社区互动。从用户分析可以得出：知乎平台更适合“有内涵”的行业，如信息产业和技术驱动型行业。知乎平台上的互联网重度用户居多，因为用户依赖性强，律师事务所、医院、家装、教育等提供专业服务的机构很适合开知乎机构号，做得较好的机构号有“江三角律师事务所”。B2B企业一般是某一领域的专家，在知乎上做专业知识分享会受到主力用户欢迎，如“西门子中国”“特赞星球”。随着消费升级的发展，关乎衣食住行等生活方式的专业分享也受到越来越多用户的关注，如穷游锦囊、Airbnb、ENJOY美食电商、携程邮轮、迪斯尼等。品牌选择平台，首先要考虑的是与核心用户的匹配度。

（4）渠道的营销路径/效果衡量

从价值层面看渠道，营销贡献于业务声量或者销量。因此，为了达成营销目的，我们还需看清渠道的营销价值路径是否清晰和便利。声量部分主要集中在占领心智（用户认知）、营销决策（用户认可、好感等）方面，而销量部分更多地体现在用户的下单、付费环节。从用户运营或者流量运营层面看渠道，即通过AARRR漏斗模型观测，在跟用户互动的过程中，如何能把用户变成一个新的流量，最终变成一个忠实粉丝。当从一个漏斗筛到下一个漏斗时，该渠道是否能为企业提供清晰的衡量指标，甚至形成商业变现的闭环，这一点很重要。

举个例子。声量部分中有个核心环节，即用户分享。通过渠道的力量，我们可以对用户进行广泛触达。而下一步，我们需要借助用户的力量，完成放大倍数级的传播效果，因为用户转发、分享对营销内容是重要的组成部分。选择渠道时，一定要研究用户在渠道中看到、传播并选择分享的场景：渠道内是不是有现成的分享路径？这个路径用户使用起来是不是简单自然？用户有没有得到分享的暗示？分享过程中会有哪些障碍？这些问题都要解决。而销量部分要考察的是业务在该渠道里的变现能力。比如，酒店是基于地理位置的服务，在抖音、小红书平台都能附上 POI（Point of Interest，兴趣点)，甚至渠道能为酒店提供下单、付费的完整链路，因此酒店运营抖音、小红书的价值很高。

通过上述四点，就能结合业务把渠道理解到位。当然，在执行层面还需要结合组织能力。渠道的内容营销讲究长期持续，这需要合理的组织架构。在具体运营时，可以把里面相通的内容画出来统一操作，而不同的内容独立运营。比如，素材、活动是相通的，可以由一两个人单独输出，然后分发给其他人，一齐上线；不同的内容指的是每个平台不同的资源位、商务关系等，一个人负责三四个渠道也是可以的。

最后再重点说说渠道的游戏规则。这里讲的规则即平台把内容推给用户的方式，包括编辑分发、社交分发和算法分发。编辑分发是平台编辑给你推荐内容，社交分发是你关注的用户生产/筛选的内容，算法分发是机器算法给你推荐内容。编辑分发属于中心化的分发方式，已经是过去时了。目前流行的是社交分发和算法分发。社交分发是去中心化的分发方式，依赖于关系链完成内容分发，把内容的筛选权还给用户，每个人根据自己的需求选择消费内容。用户对内容的诉求是多种多样的，因此大量长尾领域的自媒体开始崛起，不管你所处的领域有多小众，只要内容足够优质，就会受到关注。

内容分发的目标是高效地连接用户与内容。随着内容数量激增，用户找到目标内容的成本越来越高。与其让用户自己筛选内容，平台开始思考如何帮助用户筛选出有价值的内容。根据用户的特征标签，给用户推荐相匹配的内容，这就是算法分发。算法分发的核心包括用户画像、文章画像、算法模型。用户画像即你是谁，喜欢什么；文章画像即这篇文章的领域、题材等；算法模型即如何实现用户画像和文章画像之间的最佳匹配。算法的核心难度是体察人性。抖音是算法分发的平台典型，比如，它发现你对美食感兴趣，就会给你推荐很多美食探店视频、美食烹饪视频，甚至厨具的信息流广告等，时常让你觉得它比你自己还懂你。

不管是哪种分发方式，从平台的角度来说，需要处理的矛盾是“内容创作者的公平”和“内容消费者的效率”。比如，微信公众号之前是典型的社交分发产品，但近两年频频改版。过去，你关注的公众号是按照时间顺序推送给你，有 100 万个粉丝的行业大号和只有 500 个粉丝的新手号推送都是按照时间排序，保证了内容创作者的公平。但这种排序方式最大的弊端在于默认所有的账号和内容对用户是同等重要的，其实事实并非如此。后来，微信开始实行算法排序，就是考虑到不同的公众号对用户的重要程度不一样。那些你经常打开和互动的公众号在排序上更靠前，大大提升了用户的内容选择效率，但也造成了新的问题，如对新入驻的内容创作者并不友好。

哪怕最先进的算法分发机制，也伴随着类似问题。从所有数据上看，算法分发的效率一定是高于人工的效率，因为算法可以根据用户的兴趣进行内容分发。然而，一直按照用户兴趣分发内容会导致用户陷入“兴趣孤岛”，这就损害了公平原则。比如，虽然用户不一定关注但很有价值的内容，“中国科学家屠呦呦获得了诺贝尔奖”，如果单纯靠算法，可能就推送不到用户那里。所以中心化的编辑分发方式并不会因新技术的诞生而就此缺席。

内容营销从业人员一定要弄懂并随时追踪平台的游戏规则的变化，只有这样才可以提高运营效率。

第二节　社媒矩阵：多点协同，共同发力

理解了渠道，也就明白了它的营销价值。接下来要做的是结合业务，用合适的内容进行渠道运营。这里会面临很具体的问题：运

营一个渠道，还是几个渠道？如果是后者，优先级是哪个？渠道与渠道之间如何互补，让传播效力最大？为什么要多做几个渠道？

我们重点讲讲渠道矩阵中的社媒矩阵。“矩阵”原本是一个数学概念，即一个长方形阵列排列的复数和实数集合。社媒矩阵说到底就是基于业务目标，触达目标群体的多种社交媒体渠道组合。搭建社媒矩阵的作用最主要体现在三个方面：一是实现内容多元化。每个平台都有独特的内容风格，如公众号以图文为主，抖音以15秒到1分钟的视频为主。企业在多个平台上建立账号，可以使内容形式多元化，吸引不同受众群体。二是分散风险。企业集中在某一平台运营，如果因为各种原因无法继续运营，会损失惨重。如果有其他的平台，就能够及时把停运的平台上的用户引导至这个平台，风险程度会大大降低。三是协同放大宣传效果。建立矩阵后，不同平台的产品及调性可以形成互补。如果需要进行事件营销，可以先在微博上造势，再在微信公众号上转化，最后在今日头条等平台网站分发品牌公关稿以达到协同放大的营销效果——用户可能在微博上看到品牌宣传，对这个品牌有印象，后来在微信上又看到该品牌的宣传，可能就会产生消费的冲动。

我们前面提到，完美日记的小红书账号做得好，现在来看看它在社交媒体上的整体布局。自2017年起，完美日记布局小红书，投放了明星、头部KOL、中腰部KOL、素人的笔记，几乎席卷了整个小红书平台，种草爆文在小红书上不断二次传播，形成裂变式传播。

截至 2020 年 11 月，完美日记相关笔记仍有 30 多万篇。① 在微博平台上，完美日记先后邀请了众多达人带话题，通过博文、视频等形式，种草产品的性价比、效果等，并与其他品牌进行联名；在抖音平台上，完美日记选择带货主播李佳琦推荐；B 站的美妆视频大多以推荐平价产品为主，很多用户都是奔着 UP 主推荐的平价产品来的，完美日记利用价格优势和 UP 主推荐在 B 站站稳了脚跟。

渠道矩阵并非要一步到位，但它的搭建和运营一定是动态的，即一定有先后、主次之分，并且要依据营销目的，生产对应的内容，再选择对应的渠道。这些内容价值包含了品牌曝光、产品种草、社群维系、福利派发等。这么操作可以避免占据所有社交媒体渠道，转而更关注业务与渠道的适配度。如美妆、减肥行业适合入驻小红书，汽车企业就并不适合。

在选择明星、达人合作的时候，社交渠道的内容生产者要考虑对方是哪一个量级，如何与产品匹配，以此扩大传播效率和传播范围。合作的目的包括以下三种：一是想利用对方的流量释放其影响力，进而达到产品的种草目的；二是用对方的内容制作能力或者专业度，进行产品评测、点评等，增加品牌信任感；三是用对方的销售转化能力，直接贡献销售业绩。另外，具体实践中还要考虑选什么产品、用什么场（渠道）合作。最后推演出一个“人、货、场”

① 完美日记：三年 IPO，从顶流到内卷[EB/OL]. 澎湃在线，2020-11-23.

三者最优的投放组合。

举个例子。一家国内大型医美机构想通过项目置换的方式与达人进行内容合作，业务目标是引导消费者到店转化。机构在做了大量分析调研之后，归纳出“人、货、场”的核心认知。关于“人”，合作对象之前最好在其自媒体上发布过医美相关内容，他/她的粉丝对医美这个品类有认知。关于“货”，大致归纳出适合投放的四个标准：一是标准化高、用户认知度高且非手术类的项目是选品的核心标准。二是高客单价。低客单价项目的引流完全可以通过更有效的方式达成，如与美团点评等平台合作，而医美这种投放适合高客单价。三是库存充足。比如最新一代产品数额有限，不适合大量投放，所以库存充足的产品才适合。四是女性产品。医美的核心用户是女性，并且是一个重复购的服务型行业，像大型诊所推荐的植发业务，不符合业务的长期发展目标。关于“场”，即合作渠道，在微信公众号和微博投放比较适合。抖音渠道用户比较年轻，需求不高，不适合与达人进行高客单价项目的置换合作。

除了结合业务特性选择达人，投放的节奏也很重要。在新品发布等特殊节点，更要注意营销活动的节奏。第一拨是打造话题。借势明星或综艺热剧，以及在多个圈层建立起场景化的产品认知，比如推新款健身服时，看似不相关的养宠人群极有可能与目标客户群体高度重合，所以可以结合“养宠场景”进行产品种草。第二拨是扩散话题。通过圈层大号和头部 KOL 扩散引导趋势，这个阶段可以开启产品预售。第三拨是进一步种草，随着产品的销售渠道一步一步地铺开，要把话题引导至产品本身进行种草。这时可以跟许多测评机构、开箱博主进行合作，建立起产品口碑。第四拨是“自来水”（免费水军）营销。随着产品正式上市，搭配新品优惠等措施，鼓励消费者晒单，渲染潮流气氛，让“自来水”持续涌出。这么做是让口碑持续发酵，加深转化，而且素材会长期沉淀在平台，收获长尾效益。这些都是偏种草型的内容合作，如果企业需要短时间内就看到明显的销售转化，就应该与具有强带货能力的电商主播合作。

在具体实践中，不论是通过 MCN 机构，还是直接寻找合适的 KOL，都需要对他们的情况熟练掌握，因为社交流量造假现象时有发生。根据国双 Gridsum Ad Dissetor 全年监测的互联网广告数据显示，在内容营销监测方面，2020 年社交平台无效流量为 44.1%，2020 年社交平台 KOL 的无效粉丝数高达 48.7%，2020 年水军评论占比明显比水军转发的占比要高，高达 37.3%，拉升了全年内容营销网络水军的流量占比。①

① 国内互联网异常流量白皮书[R]. 国双 Gridsum，2021-03-15.

第三节　渠道运营实操：十八般武艺各显神通

1. 图文为主的渠道运营实操

(1) 服务号

对企业来说，微信生态是一片肥沃的土壤，它能提供各种使用场景和基础能力，服务号、订阅号、小程序、社群，足够一家企业找到目标用户并提升交易量。服务号是深耕企业服务，把服务做到极致的线上工具；订阅号是内容生产和内容消费的主阵地，以推文和活动为主；小程序，既可以为服务号而生，也可以是独立生长的产品形态；社群是社交关系网络的重要一环，是病毒营销、裂变玩法的主会场之一。

根据腾讯官方说法，服务号为企业和组织提供更强大的业务服务与用户管理能力，主要偏向服务类交互，适用群体有媒体、企业、政府或其他组织，服务号一个月（按自然月）内可发送四条群发消息。服务号和订阅号都属于微信公众号，服务号具有服务属性，订阅号具有媒体属性。

服务号对于企业的价值有两点：第一，用内容做产品、品牌宣传；第二，用功能为用户提供服务。后者的重要程度应高于前者。

先说前者。很多企业以为公众号就是发稿平台，包括领导讲话、媒体报道、企业新闻、员工故事等，这样的公众号除了有“企业自嗨”的功能，对用户的价值并不高。站在用户角度，什么样的企业内容是用户感兴趣的？第一，关于商品、服务的实用和有趣的知识分享；第二，优惠信息。比如，携程是旅行产品线上交易平台，它的服务号会给用户展示那些很多人都没去过的景点，充满了“诗和远方”，同时也有订票信息和特价专区服务。

再说后者。相比内容，特别是服务型行业，用户看重的是服务号的功能，意思是对用户来说，功能的使用价值高于内容的消费价值。因此，如果企业对自己提供的功能有足够的自信，甚至不推送内容也没问题，比如，招行信用卡的服务号推文更新非常慢，但不妨碍用户对它的使用，包括开卡、查看账单/额度、积分兑换等。

以上是服务号的两个非常重要的价值。如果企业服务号粉丝够多，企业体量够大，还可以利用微信生态进行用户的精细化运营，常用的方法有：粉丝的渠道溯源；给粉丝打标、分组；针对不同用户推出不同的交互模板，激活粉丝；利用交互方式涨粉。

公众号可以定位渠道来源，每个渠道可以展示不同的欢迎语、模板消息，配备不同活动。运营人员可以精准地观测每个渠道的涨粉效果，后续可以调整投入策略。给公众号不断引入新粉丝时，不同渠道可设置不同暗号，在公众号回复暗号领取奖励，那么后台就能对在公众号输入不同关键词的粉丝，做不同来源分组打标。比如，在抖音渠道，设置暗号是“88”；在微博渠道，设置暗号是“66”。这样不同渠道来源的粉丝会被自动打上一些基础标签：抖音来源粉丝的标签是抖音、视频兴趣、社交兴趣；微博来源粉丝的标签是爱八卦、看热点、爱互动。这么做的目的是检验投放效果，做引流策略优化。

在具体运营中，“打标、分组”的方式有两种，能够更细致地判断用户属性。一种是触发了某个关键词而被关注，比如，参与了公众号签到的粉丝，可以归类为“签到领礼包偏好（价格敏感型）人群”；参与了知识问答的粉丝，可以归类为“参与度高、价值高的人群”；预约了新品试用的粉丝可以归类为“新品偏好人群”等，这种通过粉丝互动分组的方法，可以间接判断公众号粉丝活跃度，反推对应板块的互动效率，进而优化对应内容。另一种是手动归类。通过粉丝在后台和客服的聊天，了解到该粉丝的需求及特点后，可单独对该粉丝归类、打标，这种操作比较费时间和人力，一般只会对高价值用户和特殊用户这么做。

“打标、分组”做完之后，就可以做定向推送。有的用户对价格敏感，就对其推送打折信息；有的用户对商品丰富度敏感，就对其推送新品信息；对于新用户，引导他/她体验功能；至于沉默用户，对其推送 VIP 体验券……除了营销信息推送，还可以为用户推送“暖心”服务。比如，如果企业做女性用品，可以给用户做经期提醒功能；如果做剪发，可以给用户做剪发提醒功能。但微信内部会加大对粉丝发送内容的管控力度，要随时关注微信平台的规则调整。

关于涨粉，写爆款推文、做投放、互推、营销活动等方式都可以实现。同时，可以结合业务思考涨粉的玩法，比如，通过售后服务，让用户关注你的服务号查看订单进展；在成交环节可以设置微信支付时默认关注公众号的功能。

（2）订阅号

订阅号的官方定义是为媒体和个人提供一种新的信息传播方式，构建与读者之间更好的沟通与管理模式。据新榜日常监测的 162 万个微信公众号样本数据显示，2020 年公众号发文总篇数超过了 3.87 亿，其中标注原创篇数为 2289 万，占比为 5.92%。从传播效果看，3.87 亿篇推送的总阅读数超过 3799 亿，总点赞数为 34.5 亿。尽管如此，公众号内容的消费需求仍在持续下滑中。[①] 此外，2020 年上半年，微信打乱了订阅号列表时间轴，订阅号消息不再根据时间轴排列，而是按照“订阅号的优质程度、用户对订阅号的喜爱程度、群发文章的内容质量”等综合因素动态变化。新榜 2020 年度传播力账号（按照阅读数、点赞数、在看数、分享数这四个维度）位列前列的是时事新闻类账号、官方机构账号、媒体账号。

订阅号通常是倚重内容驱动的业务的私域阵地。

2020 年新榜公众号 500 强中，带有明显企业性质的订阅号并不多，丁香医生、新氧美学院、年糕妈妈育儿、崔玉涛的育学园、张德芬空间等是其中的佼佼者，这些账号集中在母婴、医美、健康等领域，说到底都是偏重服务的行业。500 强中有不少账号打的都是

① 新榜. 公众号的 2020：一年发文 3.8 亿篇，原创占比不到 6%[EB/OL]. 搜狐网，2021-01-11.

“个人IP”的标签，因此，他们需要用非常精心的内容、各式各样的话题，维系着与粉丝的互动，增加其黏性。再加上这些账号做得早，赶上了公众号的“流量红利”，所以能维持在头部。

在用户时间越来越宝贵的当下，长篇的图文内容竞争力被削弱，微信公众号在获取信息的效率和信息的质量方面都不如以前。另外，公众号的外部压力在于各个垂直内容产品，如抖音、快手、爱奇艺等，它们在直接满足C端用户的内容需求上不遗余力，在底层产品设计和用户体验上追求极致，微信公众号的内容竞争力不断被挤压。

张小龙在2020年微信公开课开场视频中强调，一个“人人都可以创造”的载体，需要涵盖文字、图片、视频、直播等多种呈现形式，还需要在流量分配上鼓励创作：头部大号吸收了高关注流量，但长尾小号也要能尝到创作的反馈，分得一杯羹。

（3）微博

和微信、抖音这两个内容平台相比，微博的新闻属性更强，具有公共媒体性质，这和微博最早的内容生态布局有关。新浪微博每次“流量爆发”都是基于热点事件，如艺人爆料、生产事故等，微博的流量是平时的好几倍。2020年，有多少人通过微博参与网络生活？答案可能超乎你的想象。“3月18日，新浪微博发布2020年第四季度及全年财报。第四季度，微博营收达到5.134亿美元，预期4.978亿美元，同比（较上年同期）增长10%。……2020年12月，微博月活跃用户规模达到5.21亿，较上年同期净增约500万，移动端占比为 94%，日活跃用户规模达到 2.25 亿，较上年同期净增约 300 万。”①

微博的业务价值是公共传播、用户管理。

企业可以通过“内容”和“互动”相结合的方式，沉淀企业的私域流量，进而达到这些营销价值：品牌宣传（企业新闻、文化、历史、品牌故事），公关传播（危机公关、事件营销），产品种草（产品推荐、促销信息、团购），用户管理（用户调查、咨询解答、客诉处理）等。

先说内容。企业运营微博要注重对外形象统一，这种统一可能来自内容本身，或者内容形式（如固定风格的配图），让别人一看到微博的内容和图片，就知道是这家企业的风格。另外，内容布局时最好呈现栏目感（如创建话题）。举个例子。“野兽派花店”的内容类型包括产品与粉丝的故事、产品与明星的互动信息、新品发布、与粉丝的福利互动这四种。它有一个文案是这样写的：“2020 年的最后一个月，我们采访了很多人：结伴逛街的闺蜜，匆忙赶路的老夫妻，咖啡店里忙碌的师傅……聊聊他们这一年的悲喜，其中一位，是@谭松韵 seven。当导演问她：‘你如何形容 2020 年？’她沉默了……请把你在 2020 年经历的拥抱和眼泪，也告诉我们吧。其中 5 位赠送金色眼泪 25ml 各一瓶。”这种精致的 PGC 内容符合品牌调性，

① 微博去年营收 16.9 亿美元，月活用户数同比净增约 500 万[EB/OL]. 澎湃新闻，2021-03-18.

也符合生活方式倡导者的身份。

再说互动。微博互动参与有两种方式：一是企业品牌抛出一个话题，让粉丝生产 UGC 内容。比如，#带着微博去旅行#的活动是由一个话题性的活动演变成全民话题。二是微博的日常活动。活动想做得好，要么互动频繁，要么优惠力度大。频繁互动可以让粉丝的参与感一直在线。比如，一些护肤品的微博之所以有那么强的粉丝黏性，是因为有些固定话题每天进行更新，从不间断，还不时有大活动犒劳粉丝；大力优惠的活动可以吸引粉丝，小米公司的微博有很多活动的福利是送手机，粉丝能不为之疯狂？不过，要注意通过有奖转发活动吸引来的“活动控”群体（专门关注抽奖的微博账号）。活动最好只针对已有粉丝来开奖，提升他们的忠诚度。

举个例子。创立于 2015 年的三顿半，以精品速溶咖啡为核心产品。自 2018 年入驻天猫平台的一年时间里，创下单月销售额超千万元的纪录。三顿半咖啡在 2019 年“双十一”的成交额是 2018 年“双十一”的 10 倍，当日销售额就超过 2018 年全年的销售额，一举超过雀巢，成为第一个登顶咖啡榜首的国货品牌。① 辨识度高、好看的包装，让三顿半的成图率（一百位用户购买后，主动拍照在社交平台分享的比率，堪称“花钱买不到”的指标）非常高，许多腰部和底部 KOL 以及素人都主动在微博等平台上分享。另外，三顿半在

① 首个登顶天猫双 11 咖啡榜首的国货品牌，“三顿半”完成数千万 A 轮融资 [EB/OL]. 新浪财经，2019-11-20.

用户运营上有一个很特别的“返航计划”，即在特定时间里将咖啡空罐拿到线下“返航点”回收，可兑换新的咖啡或限定周边，微博是返航计划内容的沉淀平台。跳脱出单纯的线上或者线下互动，三顿半咖啡用这个计划联通了线上和线下。而且线下的“返航点”选址也很讲究：小众咖啡馆、书店、文化空间、艺术馆……让核心用户更理解品牌文化，提高用户留存率。

微博运营需要慢工出细活，运营的人员得足够有“温度”。企业确定了微博内容规划后，就要建立起内容发布的节奏，形成节奏会有利于开展日常运营工作。但发布节奏并非一成不变，也需要根据微博平台特征和粉丝互动情况随时调整。

（4）小红书

在产品属性上，小红书既有微博的一面，以网红为主体，分享美食、穿搭，又有抖音的一面，视频、直播一个都不落下。不过，小红书尚不具备公共属性，这一点和微博、微信、抖音、头条有很大的差别。到目前为止，小红书仍是女性种草、精致生活的社区。对于企业来说，小红书有两种运营方式：一是开设品牌号甚至小号自营；二是基于投放逻辑，和达人共创内容。

品牌方在小红书上开设“品牌号”可以连接消费者，帮助品牌在小红书完成一站式闭环营销：品牌方可以自定义品牌号页面，打造独特的风格以传递品牌内容，并通过品牌号进行内容运营、创造话题，同时沉淀优质的UGC内容，甚至可以直接接入小红书品牌旗舰店，高效完成交易转化。

小红书的业务价值是官号“做品宣”，用投放“做声量”。

刚才说的自营品牌号最大价值是品牌沉淀，在实践中企业的品牌沉淀一般还是以投放为主。我们之前提过完美日记品牌营销踩中了小红书的红利，引得许多彩妆品牌效仿。具体说来，完美日记在小红书上的内容主要有口红试色、新品测试、小白化妆法等，同时借助明星和KOL的影响力丰富产品线并打造出热门爆款。

以完美日记与Discovery探索频道联名的动物眼影盘为例。产品上线前期，眼影盘在天猫平台进行预售。同时，小红书上有多位头部KOL（百万粉丝级别）开始发布相关品牌内容，引发第一拨粉丝关注。产品上线中期，完美日记的小红书官方账号推出“Discovery联名系列眼影盘”的话题分享，并在平台上开展转发、抽奖等活动。同时，让多位中腰部KOL（粉丝数为5万—50万）在小红书上分享与该产品相关的种草、测评内容。产品上线后期，主要以化妆教程、分享妆容的方式来推荐产品。这时合作的大多数是粉丝数在5000以下的KOL，营造关于产品的良好口碑，引发更多的真实用户做内容分享。在这个时期，品牌仍要投放部分中腰部的KOL产出内容以维持产品的热度。

投放这件事一点也不简单。说个案例。某新品牌旗下的角鲨烷面膜的客单价大约为180元。企业在“双十一”期间准备了150万元预算进行投放，投放了两位明星，创作了两篇风格不同的笔记。

明星 A 的笔记大篇幅介绍了产品的成分、功效、产地，表达自己的使用感受，是一篇十足的“表扬稿”；明星 B 的笔记只字不提产品的背书，只针对困扰女生的“草莓鼻”演示了产品去黑头的效果。两篇笔记都是品牌方准备的，老板对明星 A 的笔记特别满意，期待带来令人惊喜的转化。但是这篇笔记只有 200 多个互动，而明星 B 的笔记有 26 万个互动。这就是品牌在小红书投放时经常陷入的误区，切不可用企业主的心态做内容，而应始终站在用户角度，围绕他们的真实场景（如“草莓鼻”的困扰），解决他们的实际问题（如去黑头）。

除了转换内容视角，对品牌方来说，在小红书上还要做好基于搜索逻辑的营销。分析产品，找出产品所有的关键词，可能是成分、设计或者某个场景下用户需求的解决方案的关键词等。在小红书平台，不是说 KOL 或 KOC 的粉丝数越多就越容易产生爆文，而要看这位 KOL 或 KOC 在哪类内容标签下的权重高，权重越高，发布相关内容，就容易有爆款。另外，我们之前在讲述产品痒点时提过“取昵称”的方法，如神仙水、泡泡面膜等，这也是在小红书平台上做关键词优化的好方法。

（5）知乎

2020 年知乎在十周年品牌焕新之际，发布全新品牌主张“有问题，就会有答案”。截至 2020 年底，知乎站内有超过 4400 万个问题和2.4亿多个回答。[①] 知乎在早期是非常硬核的科普和学术平台，但近两年用户量猛增，走上了大众化道路。知乎平台上最易获得高赞的回答是以段子、心灵鸡汤、抖机灵、故事、情绪宣泄为主题的，这种在其他平台上早已验证过的流行内容，在知乎平台上也奏效。所以，知乎不只有严肃的一面。比如，奥迪的官方机构号三个最高赞回答分别是《为什么说奥迪是灯厂?》《无人机可以做哪些脑洞大开的事情?》《用汽车发动机煎牛排这事靠谱吗?》，奥迪把这些脑洞大开的问题回答得也很有趣，引来用户的好评。

企业想用好知乎机构号，最应扮演的角色是厉害的玩家，用产品相关的专业性，为用户提供有趣好玩的知识。知乎不同于其他平台直接发内容，它是问答社区。对企业来说，找出“好问题”比写出“好回答”重要得多。而评价一个好问题的维度，包括问题的用户关注量、回答数量、热度、问题本身的质量（如是否有趣、是否脑洞大开、是否引发用户好奇心等）。

有个关于知乎的段子：知乎用户有“三高”，即高学历、高智商、高消费。2019年底，百度和快手联合投资知乎F轮4.34亿美元，知乎内容在百度的权重恢复到了极高的位置，这意味着知乎站内的很多优质内容都会被百度、搜一搜、搜狗这些搜索平台以最好的位置呈现。在知乎里做好内容，几乎等同于做好了很多搜索平台

① 知乎十周年：聚集超4400万个问题、2.4亿个回答[EB/OL]. 每日经济新闻，2020-12-17.

的 SEO（Search Engine Optimization，搜索引擎优化）。

工具型产品、有技术门槛的服务业很适合在知乎平台上做业务宣传。

轻便简洁的在线协作文档工具“石墨文档”、跨平台的思维导图软件“XMind”、作图和做视频常备工具“创客贴”……这些针对 C 端用户的工具型产品和知乎是彼此“对的人”。第一，知乎平台和工具类产品在使用人群上存在较高的重叠率，即高学历人群，追求高效率；第二，知友一般是带着特定问题去寻找答案，如果看到合适的工具会尝试体验；第三，知乎支持在回答中直接放产品链接（可以针对链接做定制，后期追踪用户来源），极大地缩短了获客链条。

有了专业有趣的内容，还得提升知乎账号的权重。权重会影响到相同赞同数和反对数下的回答排名。除了内容手段提升账号权重，知乎平台也有营销工具“知+”。可以把创作的文章、回答、视频等内容，通过“知+”付费的方式提高曝光量，将内容展现在精准的用户群体面前，从而达到精准营销的目的。具体来说，企业通过优质内容和“知+”的配合，可以达成以下业务效果：一是引流涨粉。无论你是卖货、卖课还是做自媒体，知乎都是一个引流涨粉的重地。利用“知+”营销插件中的内容区组件，直接拉起微信或者一键加群。二是电商引流。如果你是电商从业者，利用权威回答增加用户的信任度，在内容中插入营销插件，点击直接拉起京东 App，进入商品购买界面，形成完整的闭环。三是企业获客。保险、整形、植发、留学培训等传统行业，同样可以在知乎上面做优质内容营销，将精准的目标用户直接引流到微信，通过落地页收集客户信息，达到塑造品牌形象以及获客的目标。

2. 视频为主的渠道运营实操

（1）抖音

抖音平台有很大的流量，但是站在企业的视角，我们要清楚这些流量是不是业务发展所需的，如果抖音的用户和目标用户群体交叉很少、重叠度低，那就没必要做。

从目前来看，抖音还是年轻人的时尚潮流、美好生活聚集地，如果你的企业做的是服装、食品、美妆、日用品等刚需型“衣食住行”业务，可以多尝试“短视频+直播”的方式。但如果你做的业务离这些行业太远，那么就得想清楚就算经常能推出爆款视频，看似热闹非凡，然后呢？对实际的业务增长有帮助吗？除非企业从一开始就认定把抖音平台当作品牌的宣传阵地。

企业要在抖音做内容营销，目前有这四种方式：开设抖音企业号、投放种草达人、投放直播机构或达人、品牌自播。

第一种方式是开设企业号。抖音企业号以品宣为主，成交为辅，把企业客户基本分为四类：一是品牌场景，曝光品牌，对外进行品牌宣传为主；二是电商场景，通过抖音企业号链接电商，最终售卖商品；三是留资场景，需要在到店之前有大量的定制内容；四是到店场景，生意的形成最终是需要到店的。①

其中需要注意的是，留资场景最终目的也是转化，但在转化前涉及的沟通对接流程更多，特别针对个性定制领域，具体来说，其营销链路是“内容创意→获客/精准投放→客户感兴趣→留资→定制方案/对接定制→完成交易”。从2020年开始，抖音就开始发力“链接本地生活”。2021年3月，抖音宣布上线“团购”营销工具，主要服务于餐饮业、酒店业、旅游业等行业的商家。到店场景的闭环路径，即通过认证的抖音企业号创建团购活动并添加至视频中，用户在浏览视频时可以看到团购活动，领取优惠券然后到店核销。这样就为线下店铺带来更多客流，店内销售业绩也会增长。

第二种方式是投放种草达人。这里的投放形式有两种：一种是达人合作，通过达人的采买完成短视频生态铺设，利用达人的内容创作能力、流量去达到产品种草的目的；另一种是借助抖音内容营销工具“DOU+”功能，放大短视频的曝光度。极创美奥创始人Evan认为，在抖音上有机会通过投放的方式，能够很快被种草的产品有四个特征：受众足够广，或具有圈层效应；产品的内容化属性强，最好能形成“社交货币”；高毛利产品；产品的复购率高。这里强调一下产品的内容化属性强，即产品的卖点清晰，能有效解决用户的痛点、痒点，非常适合抖音渠道。比如，珀莱雅泡泡面膜、清

① 抖音企业号成“经营阵地”，商家如何打造线上消费的“增长飞轮”？[EB/OL]. 腾讯网，2021-01-05.

风漱口水等，都和短视频结合得很好。什么品类容易形成“社交货币”，引发用户自传播？有谈资的产品。产品背后有很多故事，如褚橙；产品能引发炫耀感，如苹果公司系列产品、各种限定款口红。

第三种方式是投放直播机构或达人。抖音电商营销高级总监许嘉在2020年新榜直播电商大会上曾说，短视频和直播结合度很高，从整个比例来看，20%的短视频交易和80%的直播已经形成了很好的闭环驱动。直播带货出现之前，抖音是一个偏品宣的平台，直播的出现完成了营销闭环，从短视频种草到直播间导购促单，最后到小店下单完成。

第四种方式是品牌自播，即企业用固定的员工自主地直播相对固定的产品。好处是可以通过复盘不断优化直播方案，缺点是主播非科班出身，需要精准采买流量。品牌自播是高强度工作，需要两到三个员工轮播，只有这样才能把涨粉的福利价值发挥到极致。尤其是客单价高的产品，用户第一次进直播间的信任感很低，如果不停地直播，加上专业导购术语，成交概率就会上升。

有好产品的品牌都应该积极尝试自播，有两点原因：第一是保护品牌，沉淀私域。一味地跟达人合作，越是好品牌，越应警惕，达人直播间的连续破价，除了要考虑会对其他渠道造成压力，更要考虑对品牌造成的潜在伤害。抖音平台闭环交易的生态中，最先把最好的价格、最好的产品展现到用户面前的理应是品牌自身，而不是投放的达人。达人的直播间需要货品，即使是纯佣金，只要好卖，这些货品吸引来的流量最后还是沉淀在达人的流量池里。况且，在实操层面，达人直播和品牌自播的退货率相差不小。第二是自建营销能力，平台支持力度大。孵化企业自己的达人、蓄流量、养粉丝、提升交易转化……这些都属于企业可以自建的基础能力。有了自播能力后，平台支持力度更大，也更利于形成品牌杠杆，撬动更好的达人资源。品牌自播有一种高阶玩法，即开辟品牌专场，在直播间与顶流、中腰部达人进行深度合作，通过投放信息流和顶流转化来冲销量。比如，明星欧阳娜娜以 Keep 活力唤醒官的身份，空降 Keep 抖音直播间，分享健身秘籍、推荐运动物品，Keep 凭借性价比高的产品以及有趣的明星互动，吸引了 455.5 万人通过直播在线观看参与，刷新了抖音运动类品牌当时的自播单场纪录，做到了“品效合一”。①

（2）快手

社区用户对快手有极强的文化认同感，快手也是有机会构建并维护自有“强社群”的内容平台。相比抖音，快手有更长尾的流量分发机制。在直播电商方面，在“人”端合作头部快手达人与扶持其他头部达人（如明星、名人）并举，探索出“快手达人+主持人+企业家”的带货模式；在“货”端一手抓产业带“源头好货”，一手抓战略合作方京东零售供应链抓“品质好物”，兼顾货源性价比与

① 欧阳娜娜做客 Keep 抖音直播间，“超燃直播夜”引发近 500 万人围观[EB/OL]. 新浪财经，2020-11-20.

品牌效应；在“场”端从生态、营销、产品三个维度赋能，合力降低直播带货门槛、扶持赋能中小卖家、提高带货转化效率。①

快手在营销人的眼中一直是“私域流量强、公域流量弱”的状态。说一个大家不容易注意到的原因——视频页面陈列的方式。抖音的视频页面呈现是单列形式，用户看下一条视频上下滑动即可；快手，除了平台主动推送的“精选”板块，“关注”和“发现”板块都采用了双列形式。双列是平台把流量选择权交给了用户，而单列是把流量的选择权留在平台手中，这个区别决定了快手对流量的控制有限。因此，快手的产品设计决定了用户在选择内容时是付出成本的（虽然这个成本并不大），但放大了看，快手的关注页流量非常大，比如，有位朴实的山东老大哥喜欢唱歌，在快手平台上开直播唱歌时都有七八万人在线。

企业在快手上最便捷的试水方式是选择恰当的货，匹配适合的直播达人。快手平台上有各类达人，比如辛巴、散打哥、张二嫂等，用才艺、剧场、生活、搞笑的方式，以各种接地气的内容搭配广告、直播卖货等方式，逐步沉淀出自己特有的用户圈和极强的议价能力，进而构成快手平台浓厚的“老铁”氛围。2020 年 5 月，董明珠在快手平台直播带货，3 个小时成交额达 3.1 亿元，但董明珠仅有半小时参与直播，其他时间都是由三位快手主播——二驴夫妇（井元林、

① 短视频进入存量时代了吗？[EB/OL]. 新浪财经，2020-12-22.

平荣）、李鑫全程吆喝，“老铁”氛围的销售转化能力不容小觑。

在快手平台上除了跟达人主播合作、互动，企业还可以自建账号进行产品种草和直播带货。我们之前提过三一重工企业的案例，后续销售团队邀请集团内的首席测试工程师开设个人账号，这位工程师上过央视节目，开着挖掘机爬上 18 米的铁塔。在他的个人账号中，工程师讲述了挖掘机的构造，以及怎么开、怎么修。过去，用户想系统掌握挖掘机技能，除了去蓝翔技校，大概就是跟隔壁村工程队的高手学习，现在无论何时何地，都可以在快手平台上免费跟着最牛的师傅学。从被种草到下单，转化逻辑清晰。企业如果布局快手，可以像三一重工企业一样，建立账号矩阵，通过矩阵不断地在快手的公域流量池里获取新粉丝，沉淀在自己的私域流量池里，最后充分利用短视频直播，进行销售转化。

举个例子。中缅边界的小城瑞丽是中国西南最大的内陆口岸，也是重要的珠宝集散中心。近两年，短视频和直播带货兴起，瑞丽已经同快手、抖音、淘宝、京东等平台建立起多处直播基地。“玉匠人”是快手平台珠宝类头部账号，他的直播间里带货戒指、吊坠、手镯等产品。“玉匠人”有一套独特的直播技巧，5 分钟上架一款商品，1 分钟介绍商品，2 分钟做展示，全程只有对准产品的画面和画外音引导，销量非常亮眼。2021 年“三八节”当天下午 4 点，直播间在线人数超过 6500，猫眼佛上架 1 分钟售出 55 件，和田碧玉手镯

1 分钟也卖出 26 件。[①] 这个销售转化量很可观。除了“玉匠人”这个主账号，还有“玉匠—精品高货号”“玉匠人—老舅品质号”等账号建立起矩阵，并且各自有分工：有专注个人生活分享，进行人设打造的；有针对不同消费力及需求用户开设的。多个账号既能差异化开播相互导流，又能同时开播批量抢占用户注意力，可针对不同营销节点搭配不同的组合直播方式，让 IP 价值最大化。

（3）B 站

都说“新渠道，红利大”，经历了微博时代，微信公众号时代，抖音、快手、小红书时代，经过多年沉淀的 B 站这两年逐渐“出圈”，值得所有品牌重视。据哔哩哔哩发布的 2021 年第二季度财报数据显示，B 站月活用户数量（MAU）达到 2.371 亿，同比增长 38%，每位用户每天花费的时长为 81 分钟。单是第二季度，B 站月均付费用户数量达到 2100 万，同比增长 62%，付费率从去年同期的 7.5%提升至 8.8%。日活用户数量 6500 万，这一数字已超越优酷，成为仅次于爱奇艺和腾讯视频的第三大长视频平台。[②] B 站现在发展出 7000 多个核心圈层、200 多个文化标签，汇集了各行各业的人群。经过 10 多年的发展，B 站已经不再仅是二次元爱好者的聚集地，有非常丰富的内容。2020 年，B 站的三部曲《后浪》《入海》《喜相

① 珠宝行业借助直播“起死回生”，抖、快、淘三平台各有所长[EB/OL]. 搜狐网，2021-03-30.

② “小破站”不再小，B 站日活用户数量超优酷，仍未能挽救腰斩股价[EB/OL]. 腾讯新闻，2021-08-20.

逢》正式吹响了“破圈”号角。

B 站对于品牌来说有哪些内容营销价值？品牌宣传和效果转化。前者适用于品牌新品、活动、形象宣传等的曝光造势，特征是年轻化、精准化；后者，通常会结合品牌电商节、促销节点、新品发布等，做垂直、深度的长尾收割。一大批品牌都在思考进军 B 站的计划。在品牌与消费者建立信任门槛越来越高的今天，找到一家像 B 站这样的高频互动渠道并不容易，所以一旦做好，品牌收获的不仅仅是曝光度，更重要的还有用户心智影响。

UP 主“老师好我叫何同学”为一加手机制作的创意视频，没有从数码圈一贯的常规解说着手，而是从一加手机 120 帧刷新率入手，通过备忘录滑动打造创意动画展示手机性能。这条视频在 B 站斩获 662.5 万次播放量，85 万个点赞数和 65.6 万个投币，就连一向苛刻的评论区都为这个创意炸开一片 66666（网络用语，很厉害的意思）。[①] 芬达联合 B 站开办“脑洞节”活动的内容营销以“神操作”为主题，号召用户上传脑洞创意相关原创视频，UP 主“雁鸿 Aimee”创作了《雁鸿：手工娘脑洞大开，耗时 300 个小时，用芬达罐制作国潮京剧凤冠》的视频，用 20 个芬达罐耗时 300 个小时，以京剧凤冠为原型打造新国潮造型，打破了以往常用的色彩，以橙色、蓝色的撞色来凸显活泼、年轻的态度。B 站用户纷纷发弹幕“我想

① B 站营销三连：创意、信任和 UP 主[EB/OL]. 腾讯网，2020-12-17.

喝芬达了”“芬达赚了”……通过弹幕的实时性交流互动，可以让用户即时传达对品牌、产品、内容的喜好，进一步推动品牌、UP 主、用户之间的互动共创，这也是 B 站特色。

在 B 站通过 UP 主的创意能力出圈，背后都反映出品牌对年轻化的追求。可以考虑布局 B 站的品牌包括：一是 3C 数码类品牌。B 站上有大量数码产品内容，包括测评类、功能阐述类、原理解析类等，数码产品与 B 站适配度很高。二是美妆时尚类品牌。大量的年轻用户和内容不限长度的属性，让 B 站适合进行美妆时尚类视频的生产，也因此被称为“视频版小红书”。三是专业服务类品牌。B 站用户热衷于在平台上学习各种类型的知识，如在线教育辅导、知识服务、法律和健康类专业内容，像打造“法外狂徒张三”的教授罗翔、健康知识输出者丁香医生等，都广受好评。四是娱乐类品牌。游戏、影视、音乐类品牌都很适合进驻 B 站。游戏分区早就是 B 站最热门的分区之一，《王者荣耀》《英雄联盟》《阴阳师》等热门手游都开设了 B 站账号，粉丝量都在 70 万以上。此外，光线电影、索尼音乐娱乐也在 B 站上输出影音娱乐内容。

在 2020 bilibili 效果营销合作伙伴大会上，哔哩哔哩营销中心总经理王旭分享了在 B 站做效果营销的方法：素材视频化、素材 IP 化、整合营销化。素材视频化，即将投放的信息用视频的表现方式呈现，符合用户预期的视频化素材可大幅降低新用户消费成本；素材 IP 化，即通过创造或者借力高价值 IP，打造正向内容影响力；整合营销化则将契合用户需求的内容，从直效广告到多效转化、从单链路到多链路进行投放。所以，品牌在 B 站做营销，目前来说有两条路径比较合适：一是找寻合适的 UP 主，进行内容共创；二是开设机构号，默默耕耘。

先说前者。做 UP 主投放，首先明确到底想达到什么营销目的，是品牌宣传还是销售转化，这决定了 UP 主的筛选维度。B 站在众多内容平台营销中的优势是内容更垂直、更有深度，在品宣层面能够完成品牌的年轻化布局，在品效层面更垂直、更深度，利于长尾收割。投放 UP 主需要根据品牌所在行业以及 UP 主可提供的具体数据进行分析选择。当然，与 UP 主的合作并非每次都要很“重”，品牌还可以选取腰尾部 UP 主，从第一人称视角拍摄日常生活，利用生活场景软植入品牌产品，这也是一种合作方式。或者品牌官方用福利刺激用户，请 UP 主助力活动转发到他们的私域动态里，这样公域流量和私域流量互通，品牌也可以很好地触达 UP 主的粉丝，成为自家的粉丝。

再说后者。目前，B 站的品牌机构号仍处于发展初期。与大部分平台一样，B 站设置了面向企业和品牌的机构账号认证体系。大部分品牌类账号粉丝量都在 50 万以下。B 站官方也并未就品牌机构号给出官方的运营指南或者系统的扶持计划。显然，相比微博、抖音、知乎等平台，B 站品牌机构号的发展仍有很大的空间。这个时间点入驻开通机构号有机会享受平台红利，因为 B 站官方也需要打样，扶持优秀案例，就会有政策和流量倾斜。趁着时间窗口，在公域流量抢占私域流量，有很大的成长空间。

（4）视频号

相比于抖音、快手、B 站，微信视频号产品仍处在探索期，但商业价值初现成效，很值得持续关注。2021 年 1 月微信之夜分享会上，张小龙花了一大半的时间讲述视频号。视频号自 2020 年 1 月开始内测，截至 2020 年底，日活用户数量已经突破 2. 8 亿，而达到 3 亿日活的数据，抖音用了三年，快手用了九年。公众号的创作者、网红博主、MCN 机构等纷纷入场，甚至有人将视频号称为“互联网流量中的最后一个风口”。

站在品牌方的视角，可以关注两点：一是机器“推荐”让视频号突破朋友圈限制，有机会面向更广大的用户；二是“关注”页面的设计和推荐页面相同，采取上下滑动，每次滑动都只出现一个视频的单列全屏展示。单列会让用户偏被动接受，容错率较低，但这种被动接受的模式有利于平台插入信息流广告实现商业变现，当然这对视频内容质量会有更高的要求。

在很长的一段时间里，视频号于品牌的价值只停留在品牌宣传、商品展示阶段，但小程序的打通以及直播功能的出现，视频号逐渐趋向商业闭环。目前，品牌方在视频号的基本操作有以下三种：

第一种是与已有的公众号、小程序、社群进行协同。视频号刚推出时，就有品牌开始进行短视频→公众号图文→小程序的协同探素，比如某家女装品牌，它的视频号内容倾向于品牌宣传、活动推广，用高端、有时尚感的宣传片去吸引目标用户。若用户对宣传片中的产品产生兴趣，可继续点击视频号下方“详情页”挂链，跳转至公众号。公众号中的图文内容是对短视频内容的展开补充以及卖点介绍，加强用户的购买意愿。紧接着文章最后，插入品牌小程序进行转化。企业品牌为了获客，一边在视频号上做内容推广，一边搭建私域做后期转化。引流的“钩子”多种多样，如免费福利（免费送×××元婚姻经营课、豆瓣 Top50 电子书、网红爆款围巾等），先引导加个人微信号，再拉群进行销售转化。

第二种是以投放逻辑做品牌宣传，或和达人以“分销+佣金”的形式合作。“全民吃货”的视频号做了一期《高山上面的苹果熟了，又脆又甜又好吃》的视频，作品点赞量达 10 万+，视频底部是“苹果详情页”的挂链，阅读量达 10 万+。“全民吃货”的运营者透露，挂链的流量皆来自该条视频的引导，截至 2021 年 2 月 1 日，视频的播放量达 1200 万，挂链文章的阅读量为 28 万，苹果是分销的，累计卖了近 2 万单，利润超 10 万元。[①] 至于品牌宣传，这点跟在小红书、抖音、快手、B 站上的投放逻辑类似，选取合适的达人，结合产品进行内容合作。

第三种是直播带货。在视频号上做直播带货，格外讲究获取粉

① 一条挂链卖出 2 万单：视频号成为广告主新流量富矿[EB/OL]. 虎嗅网，2021-02-02.

丝的信任，以及与粉丝的互动。有了粉丝的信任后，还要给粉丝合理的带货动机——为什么带货、准备带什么货？想办法让粉丝参与进来。站在品牌方的角度，考虑是否入局视频号，要想清楚最基本的问题，即为品牌公众号引流、卖货还是打造品牌（个人）IP。随后，再确定内容的领域和方向。在运营阶段，从视频号的推荐机制看，可以通过朋友圈分享、点赞收藏、设置名片页、微信群转发等方式来获取私域流量以及热度。在公域流量方面，可以设置话题标签、公众号导流吸引更多的陌生人关注，也可以通过给视频打位置标签，将视频推荐给附近的人。

我们之前提过互联网流量分为内容社交流量和商业消费流量。直到直播带货的出现，内容与商业流量才结合在一起，一言以蔽之：淘宝、京东等电商平台的直播是商业流量内容化，抖音、快手、视频号等内容平台的直播是内容流量商业化。

第四节　直播带货再火，也不是万能的

2020 年，中国网民平均每天花多长时间看短视频？一个略微保守的答案是每天 110 分钟。2020 年 10 月，中国网络视听节目服务协会在成都发布《2020 中国网络视听发展研究报告》，报告指出短视频的人均使用时长已经超过了即时通讯，成为用户“杀时间”的第一利器。截至 2020 年 6 月，我国短视频用户规模达 8. 18 亿，占网民

整体的 87%。① 不论从哪个数据维度上看，短视频都是 2020 年互联网行业用户时长、流量和内容的第一大来源。各大互联网公司都在加大对短视频的投入，不论是对创作者的追逐，还是巨量资本和流量的投入，抑或是提出新的命题、概念，短视频依然是兵家必争之地。

不少企业只注重销售转化，忽视平时内容沉淀，长期来看，这是不可取的。不断深挖的内容和不同场景下展示的产品，更容易激发消费者在被种草后的下单行为，为直播带货中的产品折扣销售做了前期的内容铺垫。所以，合理的短视频与直播的投入应遵从“二八法则”——八分精力放在种草上，二分精力放在直播带货上。只有这样，才可以维系产品和品牌的长期发展。

表 4.2　种草与直播带货的差异

	短视频种草	直播带货
内容	种草以“专业、场景”为核心	带货以“卖点+低价”为核心
运营	注重长线，专注于认知和兴趣	注重快速销售转化
KOL	有影响力、内容制作能力强、专业度强的人	强情感渲染、销售型的主播
效果	品牌效应大于销售效应	销售效应大于品牌效应

① 《2020 中国网络视听发展研究报告》发布：短视频持续吸睛 新技术加速渗透[EB/OL]. 中国新闻网，2020-10-12.

直播与视频种草的“二八法则”，在具体运营中也体现得很明显。一个持续精心运营的成熟账号，会有基础热度，能给直播间带去很多自然流量，省下不少投放费用。另外，结合恰当的货品以及“购物粉”的助推，直播的商业价值会放大。从达人的视角来看，一场成功的直播一定是不同货品的排列组合。比如，引流款的货品，优惠明显、知名度高，这部分商品是为了获得流量和粉丝信任；流行款的货品，声量高、适合大众消费，并且有当季热度，甚至自带流量，这部分商品能解决用户痛点或者痒点，但利润一般；利润款的货品，如非标品、白牌商品，有供应链优势，这部分商品能为主播带来不错的利润；特色款的货品，如 IP 产品、定制款、稀缺产品，能提高粉丝黏性。

即便短视频直播这么火，站在企业的角度，它依然会面临无数“深坑”，并且多集中在“货”和“品牌”上。

从货的方面来说，价格适中、利润较高的货才适合跟达人合作直播。直播带货说到底是一种薄利多销的典型销售模式，不是所有商品都能在直播间站得住脚，尤其是企业在和达人合作，而非店铺自播的情况下，更要满足客单价适中、毛利空间足够大这两大核心要求。高价商品往往需要成熟品牌加持，或者线下体验支撑。直播间的商品通常是限时限量购买，甚至是秒杀，所以很多高端产品并不适合跟达人进行直播合作；毛利空间足够大是因为头部主播一般要收取很高的销售额提成，并且对商品的折扣、赠品有诸多要求，所以直播的商品要有足够的毛利空间，或者在品牌宣传初期以开拓市场为主，牺牲盈利。

从品牌的方面来说，达人合作的直播带货需要有合适的契机。“××市场价 99 元，今天我们的价格是一个 69 元，买一送一，买一个送同样的××，先领券再减 10 元，来，我们倒计时，5、4、3、2、1……”这是常见的直播话术。品牌想让自家商品进入头部主播的直播间，就要提供大量促销折扣。即便不是头部主播，商家每次跟合作主播洽谈时也要商定无门槛优惠券、满减折扣、买赠等优惠政策……这种方式在短期内能够看到惊人的销售业绩，但靠这种方式吸引的通常是一批追逐折扣的消费者，当外部刺激减少，商家回到正常价格后，不一定能留住购买商品的消费者。想要降低这种风险，品牌与达人直播合作时要理顺思路：

第一种情况是推新品，尤其是信任品类的新品时，如医美、护肤类新品，用户尝试门槛高，可以借由明星、大流量、有影响力的头部主播带货，为消费者提供富有感染力的产品卖点进行讲解，同时辅以让人难以拒绝的折扣力度。在打开新市场（如渠道下沉）时，这种方式也适用。在一二线城市热卖的产品，在三四线城市不一定卖得好，因为消费力阈值不一样，即使他们有潜在的消费动机，也要用直播促销等手法降低他们对产品的尝试门槛。

第二种情况是预设直播后的流量链路。如果可以用一款或少数几款的大额促销折扣，为整个店铺带来客流量，这种方式就值得做。

因此链路的设计就很重要，如直播促销商品与其他商品的连带销售、促销折扣的门槛、其他腰部商品的购买权益、针对品牌会员的直播福利、用户关注店铺后领大额优惠券等。举个例子，某美妆品牌请头部主播做直播，拿出的权益是一支原价 100 元的口红在其直播间只卖 60 元，最后这支口红一共卖了 1 万支，销售额也就是 60 万元，但利润可能没有多少，因为请主播的费用也非常贵。这是典型的店铺没有做好承接货品销售规划，导致“牺牲小我”，也没能够“成就大我”的结果。

第三种情况是特殊节点冲销量的时候，包括电商节前夕或者刚融资完毕，为了短时间内抢占市场份额，看到业绩的明显变化，直播带货是不错的选择。直播带货不是打“价格战”，也并不能屡试不爽，而是一把“双刃剑”，只有给消费者合理的降价理由，才可以维系商业的正常发展。

第五节　用户分享是赚得的渠道的关键

1. 三种方法设计内容，让用户帮你做分享

企业自主的内容营销，以及基于内容的投放，不论最后的效果是贡献于品牌声量还是产品销量，都属于自有渠道和付费渠道的运营，在两者运营的过程中企业有机会让“用户自传播”，即形成“赚得的渠道”。用户的自传播有两种形式，第一种是基于内容本身的互动，如收藏、转发、评论、内容共创等；第二种是基于产品自身，

用户体验之后自发地帮产品做宣传。这些很像传统营销中常说的“口碑传播和病毒传播”，它的优势是信息可信度高、信息透明、企业花费低，缺点是不可控，要注意舆论监控。

2016年《纽约时报》和《维度研究》联合出版了一份关于网络分享心理的研究报告《分享心理研究》，在报告中用户分享的动机被分成五类：一是有用（To be useful），将有价值、有启发意义和令人愉快的内容分享给他人。二是树立人设（To define ourselves to others），大约70%的调查参与者表示他们分享信息是为了让自己在别人眼里看起来更好。三是培养和维护人际关系（To grow and nourish relationships），分享能帮助人连接、加强他们之间的人际关系，甚至是创造新的人际关系。4/5的人分享内容是为了保持联系，3/4的人分享内容是为了连接与自己有相同兴趣的人。四是自我满足（Self-fulfillment）。有的人通过把好的内容分享给自己关心的人获得满足感，而他们也能从中得到认同。另有研究发现，人们分享内容后，会更喜欢这个内容。当他们得到反馈后（如评论、点赞），他们会对分享有新的期望。大约69%的人通过分享能更加感受到自己与这个世界的联系。五是借别人之口说出自己的想法（To get the word out about causes and brands）。大约4/5的人将分享作为自己支持某件事、品牌、理念的方式。

结合社交媒体的内容运营，用户自传播的动机也可以概括为利己、利他、炫耀、自我标签四大类，前两者偏物质刺激，后两者偏精神共鸣。关于利己，寻求自身利益最大化是人类天性，也是驱动用户自传播的基础模式。如微博时代的转发抽奖、微信时代的集赞打折、拼多多模式的邀请砍价、云集模式的熟人分销。关于利他，通过信息分享，给社交关联用户实际性的利益。如外卖打车的裂变红包、知识经验的免费分享、微信拼团模式的发散。利他模式的优势在于发布用户、信息受众和企业三者共生，信息受众同样是受益者。目前利己与利他两种模式呈现出逐渐融合的趋势。关于炫耀，通过与众不同的外在消费标识，凸显自己的身份地位，如短视频平台里名车豪宅的炫富风。关于自我标签，通过标签化让社会和他人更快地认识自己，如健身学习的社交打卡、参与各类知识付费课程。

回顾2020年刷屏的营销事件，如“五四”青年节让B站出圈的《后浪》视频、朋友圈刷屏的网易云歌单、一夜爆红的理塘丁真，这些事件能够刷屏成为公共记忆，很大程度上都与营销内容对用户创造内容和口碑讨论的有效利用和撬动有关系。具体来说，企业刺激用户创造内容，进而加速口碑传播的方法有三种：

一是从用户的成长经历出发，给予情感共鸣。网易云音乐是玩情感营销的高手，内容通常来自歌曲的用户评论。2021年7月，郑州遭遇特大暴雨，灾情过后，网易云音乐在郑州“连心里”街道通往民政局的路上打造了一本《爱情词典》，为因暴雨错过“七夕”的爱人描摹出这一路走来的模样，包括《怦然心动》《暗恋》《告白》《恋爱》《结婚》共五个主题。比如《告白》，把网易云音乐用户的乐评刻在墙上："呕心沥血写了封两千字的情书，刚念了一句她就答应了""你是年少的欢喜，这句话想反过来对你说"……每一句，都是来自用户的真实评论。

二是创造共同体验，引领态度。2020 年 4 月，某品牌把焦点聚集在特殊时期"被困住的运动者"，发布了宣传片《太阳出来了》，里面有运动员展示花式训练方法、长跑爱好者围绕按摩床完成 6 小时 66 公里纪录、普通人解锁了亲子运动等故事，大家的运动精神并没有被病毒打倒，因为大家都相信"太阳出来了"。品牌还鼓励用户与好友一起创造任意形式的运动合拍，并带话题"哪儿挡得了我们"发布抖音视频，展现运动决心。这种正向能量传播的范围更广，效果更显著。

三是预设讨论的话题。现在很多品牌的营销内容特别关注能否引起用户反应，因此会预设可能引起争议的话题，供大众议论。B 站的《后浪》视频就是这样，内容浓度足够高，但真正助推传播攻势的是视频内容所掀起的话题热度，即用户的主动讨论和传播，引发了"前浪"和"后浪"的站队。品牌的主动传播或投放行为只是自有渠道或付费渠道，更多赚得的渠道，如 UGC 的二次传播或二次创作，才是成功传播的关键。

2. 两种方法设计产品，让用户急着分享

基于内容的分享和内容共创得依靠内容运营者的技巧引导，那么基于产品自身的用户自传播更像是真正意义上企业无须花费额外力气就赚得的渠道。很多营销人说“产品即营销”，不无道理。我们先来看两个例子，分别从商品本身和用户体验入手。

泡泡玛特是“潮玩+盲盒”的引领者。背后的驱动逻辑是年轻人在高昂的房价、职场厚黑学的高压下，把对精致美好生活的向往越发寄托在“小确幸”上。“Z 世代”年轻人对刺激的追求是即时和强烈的，他们会惊叹于工匠花费数十年修复文物的工匠精神，但在现实生活中，在“长时间复杂途径才能获取的快乐”和“简单就能获取的快乐”两者之间，很多年轻人会选择后者。知乎上有个用户在谈到盲盒时认为，几十块钱的泡泡玛特盲盒=一个精致的潮流玩具+一次抽奖的机会（易得的短时大量多巴胺分泌）+有可能抽到隐藏款带来的翻倍利润回报+社交分享的获得。市面上的产品，不管虚拟的（如 App、运营活动）还是实体的（如潮玩、品牌货、地摊货），评判其品牌或者产品的价值标准之一即用户是否愿意将它转发到朋友圈，泡泡玛特做到了。

另一个例子是加拿大运动品牌 lululemon，它极其强调用户体验，是体验营销和社群运营的标杆。lululemon 每进驻一个城市，都会找到当地约 20 名瑜伽老师，以服装赞助的形式合作，这些瑜伽老师扮演着垂直领域 KOL 的角色，不仅深化了“lululemon = 瑜伽”的市场认知，还能立刻起到带货作用。并且这个品牌还经常在社区免费开展瑜伽课，逐渐发展成大型瑜伽集体活动，这种运动仪式感会带动越来越多的人加入。

这两个例子说明，产品本身对用户的满足感强以及用户体验好，会让用户迫不及待地分享产品及使用体验。设计用户爱分享的产品时，有两个核心问题需要思考：

一是用户为什么要发。如上文提到过的，可以利己、利他、炫耀，还是给自己贴上一个好标签？泡泡玛特，用户觉得盲盒这种产品形式有趣；lululemon 能给用户贴上爱好生活、正能量、引领潮流的标签；三顿半满足用户拍照好看的需求……企业在做产品设计时一定要想清楚“用户交互”的方式，可以虚实结合，从产品品牌的精神内核、颜值入手，或者直接在功能性硬件上下功夫。

彩妆品牌花西子从东方美学入手，在产品设计上大费心思，实现了“产品内容化”：把中国微雕艺术搬到口红雕花上，在口红方寸之间展现锦绣河山的恢宏与壮丽，因精美的传统雕花工艺和丝滑的质感成为年轻消费群体喜爱的爆款口红。相比花西子从外观、美学设计上做文章，还有从功能硬件上做文章的产品，如厨电品牌 TOKIT。TOKIT 的智能电烤箱从产品功能上考虑到了消费者的分享需求，如一只烤鸡从白嫩变身油亮金黄、面团发生形变、面糊变成饼干或面包……这类烹饪过程的变化会让用户产生愉悦感和成就感，针对这样的分享需求，TOKIT 团队在烤箱内部放置耐高温的 1080P 高清摄像头，可以实时监控，并将一个小时的烹饪过程压缩至十几秒，自动生成小视频方便用户随时在线上分享，销量直线上升。

相比过去企业只专注功能型卖点，现在越来越多的品牌开始以用户感受为目标，做设计、做产品、做策略时会预判用户使用产品后会产生什么感受，以此来设计文案。

二是用户发什么。品牌方要为用户准备好可供分享的内容素材，即从用户开始接触这个品牌和产品的第一秒起，他体验到的所有环节都应达到“内容化”的标准。企业在思考用户交互时，可以通过拆解体验流程，继而进行“内容植入”达成目标。只有拆解用户体验的每一步，不停地优化，才能让用户一直乐意当你的免费宣传官。

比如，消费品体验流程大致有六个环节：第一个是发现，如新媒体内容、直播背景与陈列、线下陈列与包装、空间体验；第二个是知晓，如电商详情页、外包装、品牌理念、产品概念、产品线；第三个是消费，如优惠设计、售后客服话术；第四个是收货，如快递开箱、内包装、产品设计、社群入口、彩蛋赠品、使用说明；第五个是使用，如产品体验、社群互动；第六个是复购，如品牌宣传内容、新品上市、参与互动。

服务业体验流程（以餐厅为例）可以拆解出五个环节，在相应环节也可以预设互动内容：第一个是发现，如门面的动态造景、静态造景，甚至是人为制造的排队长龙；第二个是了解，如走进餐厅后感受到的空间装饰、餐厅音乐；第三个是点餐/上菜，如菜单设计、餐前互动、上菜话术；第四个是用餐，如菜品创意、菜品摆盘；第五个是买单/离店，如买单时的抽奖享折扣、伴手礼等。

第五章　用户运营，创造价值永远比获取利润更重要

第一节　私域流量虽好，但不是万能的

我们结合业务从内容和社媒渠道的角度分析了营销如何助力业务增长，当通过内容营销等方式获取了低成本的精准流量，并累积了一定体量时，接下来要把用户沉淀在统一的私域流量池里，做更精细化的运营和管理。

数据的精细化运营和管理有四个目的：一是预判。比如，电商平台可以基于平台用户的搜索数据、消费数据等，预判出用户喜欢的产品，然后推送给用户。二是精准营销。比如，做好用户分层，针对不同层面的用户采取对应的营销动作。三是提升效率。比如，用户在 4S 店买了车，汽车的数据将定期传送至 4S 店，当汽车的损耗状况超过了设定标准，4S 店的系统会自动给用户发送提醒信息，并提前采购相关配件进行维修备货。四是追踪。比如，你在一家电商店铺多次购买产品，店铺会记录追踪你的相关数据，会给你推荐

可能喜欢的新品，并有一些针对你的优惠条件。

根据财报数据测算，2018 年，京东获客成本达到 1503 元，2016 年这一数字为 142 元，获客成本 3 年翻了 10 倍。相比之下，阿里 2018 年的获客成本为 390 元，尽管比 2016 年的 526 元有所下降，但也是 2015 年 166 元的 2 倍多。① 公域流量成本大涨，互联网由“增量时代”转向“存量时代”。因此，不少企业将目光投向了私域流量。私域流量是一个很大的概念，无论是火爆一时的“微商式运营”，还是“裂变+拉新”，都只是私域流量的一角。纵观市场，两类品牌非常适合做私域流量：一类是交易成本相对较高，客单价相对偏高，需先跟消费者建立信任的品牌，通常集中在服务业；另一类是交易成本相对较低，客单价相对偏低，但消费频次高且有大量复购、不断出新品的品牌，通常集中在零售业。

其实私域流量运营这件事并不新鲜。二十年前 CRM（Customer Relationship Management，客户关系管理）系统就开始帮助企业分析客户重复购买率、对产品的关注度、购买产品的时间与频次等相关指标，从而优化流程和提升内部协作效率。这里就有私域流量运营的影子了。但在 CRM 体系中，企业与客户的互动很少，往往局限于邮件、短信和电话等单向沟通的方式。在 CRM 的基础上诞生了 SCRM（Social Customer Relationship Management，社交化客户关系管

① 京东获客成本 3 年翻 10 倍，2018 年成本达到 1503 元[EB/OL]. 搜狐网，2019-06-17.

理），SCRM 体系注重打通社交网络，除了积累客户、管理客户关系、销售管理，还有实时连接客户、跟进客户、沉淀客户关系的功能。表面上看，SCRM 只比 CRM 多了一个社交网络的整合动作，但更深层次的状态是企业与用户的关系发生了彻底变化。

在十多年前的流量红利时代，简单粗暴的方式就能收割流量。近几年，流量红利见顶，获客成本逐年攀升后，大家开始意识到流量的本质是人，并由此诞生了“私域”这个概念。新榜联合创始人李建伟认为私域的本质是链接人、经营人，让人去服务人。他提出私域的价值取决于用户规模和连接密度的综合作用，前者代表用户的数量，后者代表运营的质量，企业过于在意第一个因素而忽视了第二个因素。

所以企业需要转换视角，把与用户的买卖关系转变为朋友关系。从公域把流量导入私域中，还是要采用价值输出、干货类等对用户来说实用和有趣的内容，或通过花钱投放迅速做大。做好私域运营，通常离不开三个部分：

一是选取私域阵地。流量在哪里，用户就在哪里。目前，很多平台都配备了私域相关工具：淘宝推出会员制、淘宝群，希望把用户更长久地留在淘宝；抖音的算法很厉害，能将内容里的商品和喜好结构化、数字化并进行有效分发，谁能做好优秀内容和消费人群匹配，谁就能在抖音上获得更多机会；微信生态下的流量具有天然的社交属性，有很好的数据开放度，并且在微信系统里能形成营销闭环，如小程序、微信商城的运用。所以，对于品牌来说，任何渠道都可以当作私域入口，不论沉淀在淘宝、抖音上，还是沉淀在微信上，都是品牌的用户。品牌要根据所运营的私域产品构建一套独具特色的互动体系，包括具体话术、日常问答、关键词等，一个称职的私域运营者在私域里发布的内容不能都是软广，而应该扮演“私人伙伴”的角色，始终站在用户的角度，不仅要输出物质上的实惠，还要输出情感上的价值。

二是利用有效的用户分层进行精细化用户运营。首先对用户进行定位、分层，然后针对不同的用户群体推行不同的运营策略和价值输出。用户分层有很多模型，最常见的是依据用户属性、用户行为、用户偏好和用户状态这四个维度。用户属性是指“用户是谁”，包括姓名、性别、年龄、地区、生日、学历、职位等信息，这是用户分层最基本的维度；用户行为是指“用户做了什么”，如用户的活动区域、活跃度、互动性、浏览、加购，这个行为体现了用户内心真实的想法；用户偏好是基于用户以前的浏览、购买等行为，给用户打一个偏好的标签，如关注领域、消费时间、品牌喜好等，可以比用户行为和属性维度更加精准地进行触达；用户状态是指根据用户活跃的程度、具体行为等作出状态划分，比如，30 天以上未登录状态的，就可以将其定位为流失用户，30 天内登录一两次的定位为低频用户，30 天内登录达到 10 次的就是高活跃用户。

三是反复调试。私域运营到现在也没有一套固定的方法论，一定要多次尝试，才能摸索出适合企业自己的模式。比如，如果企业已有 CRM 体系，可以尝试打通 CRM 数据高效运营，通过节假日和周年庆打折、抽送、打包促销、满减送等各类营销方式来提高流量转化。对注重性价比的客户，多强调大礼包、满减的优惠；对注重消费体验的用户要提前告知服务明细。

盘活存量可以给品牌带来很多发展机会，但一定要从企业实际出发，切莫着急变现，误把私域流量池当成推送广告的工具。私域流量降低了流量成本，但精细化的用户运营也需要花费很多的人力、时间和沟通成本。具体运营人员往往要投入更多的时间为“陌生人”提供温情、及时、精致的服务。因为服务品质很难标准化，很可能因为消息回复、处理不及时导致用户不满或投诉，最后造成用户流失。另外，私域运营过程中一旦出现负面声音，很容易“传染”给更多人，从而伤害品牌形象，这也是私域运营需要平衡的问题。所以，私域流量只是助推业务增长的方式之一，而不是全部。

第二节　数字化运营，从私域阵地开始

虽然目前电商发展速度很快，但根据国家统计局发布的《2020 年国民经济和社会发展统计公报》数据显示，2020 年全年实物商品网上零售额 97590 亿元，按可比口径计算，比 2019 年增长 14.8%，占社会消费品零售总额的比重为 24.9%，比 2019 年提高 4.0 个百分点。这说明，大部分零售交易依然产生于线下，那么线上销售的空

间还很大。困扰线下零售商的两大核心问题分别是获得增量（开源）和提升经营效率（节流）。现在除去开发自己的App，大多数企业都选取了微信生态作为私域运营的阵地。

美的是国内老牌家电企业，在布局数字化运营上精耕数字营销、柔性制造，微信生态是其很重要的营销阵地，运营布局大致如下：

一是触点数字化，进行线下与线上的融合。美的的流量沉淀主要通过“公众号+小程序”来完成。用官网等平台的二维码将用户导流至微信公众号，通过公众号的被关注回复和自定义菜单，引导用户注册成为会员。据美的年报数据显示，2019年美的累计会员人数超过3500万，贡献销售额达55亿元以上。另外，美的打通了多个平台的会员体系，开放了丰富多彩的等级权益兑换。它的微信小程序还时常发布线下门店活动，为线下门店提供了线上引流、终端销售及会员运营的工具，助力终端门店数字化转型。

二是运营数字化，进行个性化推荐。美的通过微信生态各平台的重要触点，进行用户的个性化触达。比如，小程序的首页Banner（网幅广告）等重要栏位会结合用户需求进行个性化推荐，公众号的自定义菜单也能实现个性化推荐。最后，借助小程序直播、PRO付费会员卡、领补贴活动等方式，推动流量变现。

基于微信生态下的运营布局，是目前私域搭建门槛低、可迅速上手的切入点。从2020年开始，许多企业的业务运营线上化，不少品牌把所有精力放在了私域业态的运营中，调动门店导购，激活导购的私人社交关系链，通过一对一的私聊，或者一对多的朋友圈、公众号的渠道发布入群信息，把沉淀下来的联系人迅速组建到社群中，再配合小程序直播推送丰富的内容，运用企业微信批量管理内容和导购考核，完成小程序一键转发。典型的业务有社区生鲜、服饰、美妆等非刚需品类，在私域流量的帮助下销量有明显起色，很大程度上补足了线下门店的销售损失。

1. 小程序

“2021 微信公开课 PRO”公布了 2020 年小程序的成绩：微信小程序 DAU（日活跃用户数）超 4 亿，人均使用小程序个数较 2019 年增长 25%，人均小程序交易金额较 2019 年增长 67%。商业化方面，2020 年小程序 GMV（交易总额）同比增长超过 100%，其中实物商品交易年增长 154%，商家自营 GMV 同比提升 255%。2020 年有超过 1 亿位用户通过百货等小程序购物，有超过 3 亿位用户使用果蔬类小程序。①

按照腾讯智慧零售的官方说法，小程序商城对社交关系有着天然的互补和放大作用，让社交化的触达、互动、转化都具备很高的效率。它能无缝衔接公众号、服务通知、支付后关注等线上触点，门店、海报等线下触点，以及红包雨、社交立减金等社交触点和社交广告等商业触点，以触点组合规划运营节奏，进而形成完整的数

① 一文读懂 2021 微信公开课 PRO：小程序日活 4 亿、“点赞”成视频号年度表情[EB/OL]. 搜狐网，2021-01-20.

据沉淀。小程序在微信生态下扮演的是中台角色，联通各个触点进行流量沉淀，进而通过运营动作，实现商品交易转化或提供服务。品牌在微信生态中可以选择适合的触点自由组合运营，给小程序官方商城提供源源不断的私域流量，比如，“企业微信+导购+直播+社群+朋友圈广告”是许多品牌都会选择的门槛低、见效快的触点组合，而社交小游戏和社交立减金的搭配则很适合裂变推广。

小程序有三个功能，包括品牌宣传、交易转化、提供服务。一个成熟的企业小程序都有这三个功能，部分品牌零售商甚至形成相对完善的小程序矩阵，各个小程序专注于某种特定场景，即时契合地满足用户需求。比如，江小白有三个主要的小程序，“江记酒庄”着重于品牌宣传，“我的酒馆”着重于商城和用户内容沉淀，“下班约酒”则是在消费场景下增设了与用户互动的小游戏。

品牌宣传注重品牌建设，小程序可以用来提升品牌形象，用内容营销、会员体系和各类活动推送，占领消费者心智。数码相机品牌尼康有一个专门为中国摄影爱好者打造的分享互动社区——“我的尼康”微信小程序，摄影爱好者可以在这个小程序上学习摄影技巧、讨论摄影等话题，小程序还计划上线尼康租赁功能。这种针对用户的内容型小程序具有典型的品宣功能。

交易转化指的是在小程序内的购买转化，通过购买和复购，形成品类扩展、价格提升的局面，并将用户纳入会员体系，对用户进行全方位触达，目前多为销售渠道的重要补充。从 2020 年 6 月开始，微信的小程序上新了很多功能，“小商店”功能非常实用，可以帮助品牌方“一键开店”，同时开放店铺、商品、订单、物流、客服等一系列 API（应用程序编程接口）供第三方接入。另外，小商店可直接嵌入公众号简介页、自定义菜单、模板消息、文章、直播等功能模块或内容中，场景化能力更强，使品牌与用户的联系更加紧密。

售前咨询、到店预约、排号等位等售前服务以及订单追踪、防伪查询、退换货处理等售后服务，都可以在小程序中实现。企业可以结合行业场景提供小程序服务。比如，宠物用品品牌可以开发养宠记录小程序，为用户提供养宠相关的日程管理、问诊等服务，提升用户黏性；需要配件或者耗材的品牌商品（如打印机、血糖仪）可以设立配件商城小程序，按照用户购买的型号推荐其需要的耗材，或者让用户通过积分兑换配件耗材，以此为用户提供便利优质的售后服务。

企业围绕小程序进行微信生态布局时要梳理各阶段的目标，是追求短期销量的突破，还是希望提供长期的服务价值，每个阶段的侧重点都需要结合品牌自身情况进行理性思考。小程序的用户增长常用的方法有社交小游戏、社交立减金、分销返点等方式。比如，2020 年 1 月丝芙兰推出《冰雪派对》社交小游戏，用户在玩游戏的过程中获得专属优惠券，还可以分享给好友，邀其一起竞赛。小游戏帮助丝芙兰拓展新客户的同时又能激活老客户，领券后在小游戏内一键跳转至小程序商城，便捷的设置有助于核销购买，促进成交。

某家品牌火锅店的用户增长依靠的是分销返点的方式。实体门店撤掉纸质菜单，而通过小程序点餐。用户只要点开该火锅店的小程序，一键注册后就能收到代金券，适用于全国所有同名品牌的火锅门店。当用户把小程序分享出去，实现以老带新后可以拿到返点。举个例子。当用户 A 注册成为会员后，可以把自己的二维码通过朋友圈、微信群分享出去。如果用户 B 通过用户 A 的二维码也成为火锅店的粉丝，只要用户 B 产生实际消费，用户 A 就能得到 5%的返点。假如用户 B 消费了 340 元，用户 A 就能得到 17 元返点，返点可以是代金券，也可以去门店兑换成现金。这样在同等条件下，用户会倾向于选择这家火锅店消费。

2. 链接人

链接人可以是店面导购，也可以是房产经纪人，或者是社区生鲜的“团长”，在零售行业，链接人是一个特殊并且重要的角色，联通线上线下的纽带：把线下客人沉淀到线上的私域流量池里做精细化运营，提升多元服务，提高复购频次；把线上客人引导到线下门店，给予更优质的体验，提升门店业绩。

一个规模化的零售企业所拥有的链接人数量通常少则上千，多则上万。对于企业而言，导购不仅是名副其实的消费者信息反馈收集单元，也是提升运营效率和业绩增长的重要生产力。按腾讯智慧零售的官方说法，链接人有三种角色，分别是销售、专家和伙伴。

“链接人+企业微信”“链接人+直播”是销售类链接人常用的方

式。前者常见于健身房，导购添加顾客微信、发布朋友圈、维护客群关系，实现线上触达、运营和交易的闭环。企业可以为导购提供筛选和编辑后的优秀营销素材，实现对导购的批量化管理；小程序直播功能推出后，完美日记、悦诗风吟、太平鸟、梦洁等企业采取"链接人+直播"的形式，让链接人在门店直播，营造更深的消费沉浸感，导购变成了品牌的"线上销售"。

专家类链接人在社群中除了分享信息、提供便利，还可以发挥专业知识储备，主动传递功能类、学习类内容，发起有趣和有用的话题，增加与消费者的沟通频次，形成更有质量的互动。专家类链接人常见于母婴行业，养育专家以朋友圈、社群或是微信一对一的方式发起话题和解答问题，能够增加用户的黏性。

伙伴类链接人与顾客在长时间陪伴中积累的信任程度会影响交易转化和持续复购。比如，奢侈品行业的产品推荐不是标准化的规定动作，而是针对每个顾客的偏好，提供个性化的推荐和关怀服务，因此链接人扮演的多是"私人顾问"的角色。运动器械品类也是如此，其产品客单价高、专业性强，并非日常刚需，导购往往需要通过长达3—6个月的深度种草，才能最终实现交易。私人伙伴模式更看重长期的润物无声的顾客链接，长期维护客群关系远比短期获利更为重要。

这三者并非绝对界限分明。举一个例子。美妆品牌的销售中有个角色非常重要，即美妆顾问（BA，Beauty Adviser），他们并非传统销售人员，而是像专家和购物助手的结合，因为他们了解顾客的肤质状况，根据这些信息给顾客提供更合适的产品建议。比如，化妆品品牌海蓝之谜（LA MER），以美妆顾问为纽带提供“千人千面”的服务。护肤品具有强交互性，产品与消费者的状态息息相关。据时尚媒体报道，LA MER 的线下导购已经打通企业微信，有一项可以按年龄、消费水平、皮肤状态等为顾客打标签的功能，每一次微信内的互动都将顾客的画像描绘得更加清晰，同时以数据的形式留存在系统内，成为品牌提供个性化服务的重要依据。

过去房产企业的业绩一直依赖于房产经纪人，如何批量化地管理好经纪人、提升企业经营效率常常让房地产企业负责人头疼。我们来看看中原地产是怎么做的。中原地产开发了全新小程序“中原C 管家”，其定位是“1 对 1 的 VIP 服务营销工具”。和中原地产过去使用的“中原找房”小程序不同，在最后咨询经纪人的环节，“中原C 管家”小程序去掉了经纪人列表。当经纪人做小程序分享时，客户进来只会看到分享的经纪人的信息，客户点开经纪人分享的消息卡片时，就已经跟该经纪人产生了绑定关系。最关键的是，客户看不到其他经纪人的信息。这样的话，一位经纪人可以对应 N 套房源，中原地产所有的房源都可以是这位经纪人的商品，并供他销售。经纪人可以锁定选了他的客户，这对于买房子这种高客单价、决策门槛高的业务很有必要，通过与潜在买房客户线上线下的互动，建立起客户的信任感，进而撮合交易。“中原 C 管家”产品负责人吴佳声在“GrowingIO 2020 增长大会”上分享了一组数据，截至 2020 年底，“中原 C 管家”较前一年同期的月活增长了 540%，次日留存率为 30%，周留存为 28%，裂变系数达到了 8. 13，这意味着一个用户进行分享，平均可以带来 8 个用户，而业内的标杆裂变系数基本约为 4。链接人真正地把企业和用户需求通过小程序连接到一起，起到了非常重要的作用。

站在企业负责人的视角，过去传统的零售门店导购的职责是做好陈列、服务、理货，但如今一位优秀的导购不仅要懂得如何做“用户新增”，还要懂得运营存量客户。说到底，不管导购扮演的是购物助手、话题专家还是私人伙伴，对于企业来说，他的价值就两点：一是传播品牌、产品，帮公司搞流量；二是提供服务，维护客户关系，促成交易转化。宝岛眼镜在私域流量上做了大量的工作，CEO 王智民说宝岛眼镜现在寻找的不是验光师、销售员，而是小红书和抖音达人。他提出，在数字化改革之后，我们需要重新定义“人、货、场”，人不再是一个大群体，而是细分的人群；货不只有商品，还有专业、定制的服务；场不再只有门店，而需要线上线下的结合。此外，“场”字后面还要加上“景”字，即根据时间、空间、事件、营销做出调整。场景是一个千变万化的事情，需要很多更好的创意，把一个场景设计对了，自然就能引爆消费者心中的需求，解决他们的痛点、痒点、兴趣点。

结合导购角色，我们从企业运营角度作个总结：第一，如果企业做快消品，特点是高频、刚需，可以采用社群运营，导购扮演好“买手”和“促销员”的角色即可；第二，如果企业做服装等非标品或者偏重提供服务的业务，那么导购既要熟知商品，又要了解客户本人，最好还能掌握行业信息，如时尚趋势、医美潮流、文旅热门地等，他们要扮演的是专家和伙伴的角色，建立与客户之间的信任感。

3. 社群

社群模式，可以满足人群之间的社交需求，而且配以微信支付、小程序、企业微信等工具形成交易闭环，构建出一整套围绕社群组织与商业深度链接的新业态。低门槛、易操作、启动快、短链高效、直连用户、直观可追踪、见效明显、成本低等都是社群模式显而易见的优点。社群在各行各业中越来越普及，消费者也越来越习惯加入品牌的社群，享受折扣优惠，交流分享用户服务等更深一步的信息或资源。

根据腾讯智慧零售的官方说法，社群有三大典型模式，即营销型、内容型和服务型。这三个模式可以大致对应我们对链接人的角色分类：销售、专家、伙伴。在实际操作中，这三类社群可以根据业务发展的不同阶段和场景，互相组合，搭配运用。

（1）营销型，即以营销活动和优惠分享、销售转化为直接目标的社群类型。根据行业不同，如商超、社区团购、食品、日用品、酒水、服饰，又可以分为促销折扣型、社交裂变型、消息通知型。

在广西南宁当地拥有 88 家门店，服务覆盖当地 20 万户家庭的社区连锁店品牌美加美依靠近 300 个微信群，服务了 8 万位群友，2019 年的销售额是 3.1 亿元。按照品牌总部的要求，每一家门店都要尽量把到店消费的用户加入门店的微信群里，而每个门店至少要建 3 个客户微信群，才算完成基础目标。把客户装进微信里，提供优惠信息，经营好友关系，建立销售信任，实现可持续营销。每天早上，微信群都会以秒杀活动开启新的一天，如各种生鲜秒杀。群内没有闲聊，也没有精心设计的用户转化套路，基本都是卖家和买家自发的关于商品和配送信息的交流互动，相当于线上生鲜商场。这是典型的促销折扣式营销方式。

零食品牌百草味则喜欢在社群里玩社交裂变。首先通过拼团秒杀、会员增值、专属优惠等吸引新用户入群，然后经过更加精细化的“社群分层+差异化分销投放”，有针对性地提升复购与营收。百草味将主流消费人群划分为学生族、宝妈族、上班族和 VIP 族等群体，根据人群属性设置裂变机制。比如，针对宝妈社群的拼团，增加甜食、水果类零食比重；对于上班族，侧重饼干、糕点等办公室休闲零食。一整套标准化手段的运作下，社群营销更精准，裂变效率更高。

除了折扣和裂变，营销型社群还有一种常见的类型是通知型，以活动通知、品牌宣传为主要内容。比如，服饰行业的在线新品发布会，群管家往往在活动前夕预热活动内容，引导用户观看活动，通过边看边买的方式在群内达成交易。

（2）内容型。内容型社群是打造品牌内容运营主阵地的社群模式，可以分为教程信息导向、话题讨论导向和直播短视频导向。内容型社群在母婴、运动、服饰、美妆等行业的运用很广。作为知识密集型的品类，母婴行业的消费者对孕前、孕中、产后育儿等全链路的知识有着强烈需求；服饰行业的消费者，注重上身试穿的实际搭配与效果展示；美妆行业的消费者则希望获得时下流行的妆容趋势，学习各类妆容的化妆技巧和产品上脸使用效果。内容型社群的核心是以优质内容持续触达、运营消费者，提升用户在圈层、专业、兴趣领域的消费惯性和交易频次。

内容型社群看似有专家就行，但事实上，内容型社群或社区往往是最难运营的，如果只有话题专家一直在发言，那么这个群很容易就默默无闻了。引导、激励用户做自分享，即把群做成 UGC 的互动社区才是破解之道。UGC 的互动社区通常有三类：一是主题交流。用户有共同的社会属性、价值认知和价值贡献，围绕内容多过围绕关系，认识生产内容的人是衍生需求，如知乎、虎扑。二是关系维护。内容只是人际交流的载体和手段，真正的需求是和特定的人沟通，内容的种类、形式只是沟通方式，如朋友圈、领英。三是创作分享。低成本、快速生成内容的工具在内容生产初期容易启动，通常具有很强的社交属性，比如，照片墙（Instagram）、抖音。

（3）服务型。分为售前服务和售后服务两类，群管家的主要职能分别是完成售前咨询促进成交，订单完成后提供售后服务和复购拉动。服务型社群的运营关键点在于服务质量。比如，书法课社群就是典型的服务类社群，这类产品消费频次低，但喜好书法的群体家庭条件比较好，如果服务质量高，很容易产生复购行为。因此，运营这类社群时，要注重用户的使用体验，尽量做到有求必应。在一段时间的高亲密度运营后，用户就会对社群产生信赖，续费、复购的概率会更高。

虽然把社群大致分为营销型、内容型和服务型三类，但社群的运营不是固定不变的，每家企业要根据自身业务以及现阶段目标灵活运用。中式快餐品牌老乡鸡来自安徽，主打土鸡，依靠“土味”出圈。虽然老乡鸡总部针对社群运营有一套规范，但鼓励各个店长自由发挥具体话术，店长的人设可以是辣妈、职场新人、做了十几年餐饮的老店长等。每周三也是老乡鸡店长权力最大的一天，店长可以挑选社群里的顾客进店尝新品，打卡分享。这种脱离模板的个性化表达可以让群主离顾客更近，能提供更贴心的服务。

第三节　精细化运营：获取新客、盘活老客

1. 获取新客：拉新、激活、留存

当产品或者业务发展到一定阶段，具备一定用户量级后，都需要对用户进行更细致的管理和维护，以实现用户价值的最大化，这就是精细化运营。比如，一款网络游戏发展到一定阶段后，一定会

对用户进行数据分析，将用户（分为普通玩家、小资玩家、装备大佬等类别）各个击破，从用户身上获得价值最大化。

传统业务往往聚焦线下场景，以成交为核心目标，通过各种诱因促进用户购买，不考虑用户其他行为。但现在许多行业线上化业务的比重加大，用户行为数据可监控，产品与用户之间的关系得以精细化，这些能为产品的迭代优化提供依据，同时也能引导和管理用户行为。结合用户数字化以及数字化的触达，让运营数字化成为可能。另外，从宏观层面思考，做精细化运营除了用户体量以及用户数据可监控的直接因素，还有一个底层原因——不少行业的市场竞争已从“粗放式追求增量”过渡到了“精细化运营存量”的阶段。在具体实践中，精细化运营通常分为两种：一是针对大批量用户群，通过策略、机制等设计和优化进行整体运营，最终实现某个特定数据的提升；二是针对小批量某一特定的用户群进行运营，通过该部分用户在产品生态中贡献价值，从而提升产品价值。

不同时期根据外部环境的变化，用户增长的机会点不同。企业在发展过程中需要根据市场变化及时调整自己的增长战略，抓住红利期，才能实现大增长。外部环境包括行业的市场成熟度、渗透率，当前是处于增量市场还是存量市场，竞争状况等因素。当一个行业处于高速增长的阶段时，核心目标是市场渗透率和市场份额，可以采取粗放式增长战略，避免过早进入精细化运营阶段。但当一个行业市场渗透率很高、增量空间有限、进入存量市场争夺的阶段时，就需要精细化运营，划分用户群体，解决不同细分用户群体增长的瓶颈，主动寻求差异化发展，抢夺竞争对手市场份额。我们结合微信生态，来谈谈用户的精细化运营。

（1）拉新

这里说的拉新，指的是在恰当的时间，用合适的方法，在某个场景下找到用户，并和他/她发生第一次有效接触，争取把用户沉淀在设定好的私域里。拉新的方法可以从线上、线下两个维度考虑，并进一步细分。

如果产品布局线下的话，要考察产品的设计、生产、流通、交易、售后等每一个环节，如何触达潜在用户，把门店、店员、导购、产品海报、售后卡、宣传单等，都当作触达用户的渠道，做好获客设计；布局线上的话，可以从自有渠道（如电商店铺、官网、社交媒体官方账号等）、付费渠道、赚得的渠道去思考如何获客、做流量沉淀。比如，微信生态内的小程序、公众号、企业微信、社群等相互导流，最终将用户沉淀至公众号、企业微信和社群。具体的做法有：小程序的重要资源位，可以与公众号、企业微信进行关联，直接拉起公众号文章或点击显示客服人员企业微信二维码，把用户导流至公众号；公众号可以通过自定义菜单、图文内容和自动回复等方式，推送企业微信二维码，将用户向企业微信导流；企业微信添加的用户，可以直接推送社群二维码，将用户引流至社群。

这里需要注意的是产品如何快速作裂变传播。裂变有时也叫社交裂变，俗称“老带新”，加上“社交”两个字是因为裂变是基于用户人际关系传播的，通过邀请一起玩游戏、彼此助力拼团、分享得立减金、分销返利等方法，实现用户增长。在实际运营中常引入一个量化指标“K 因子”评估分享效果，不同业务的平均 K 值是不一样的，如饿了么外卖的“邀请好友送红包”、滴滴出行的“邀请好友双方领取乘车券”的活动。这里有个公式：

K=每个用户向他的朋友们发出的邀请的数量×接收到邀请的人转化为新用户的转化率

假设平均每个用户会向 10 个朋友发出邀请，平均的转化率为 20%的话，K ＝10×20%＝2。当 K>1 时，用户数量会像滚雪球一样增大。如果 K<1，用户数量到某个规模时就会停止自传播增长。

裂变的好处在于如果每新增一个用户都能邀请几个好友加入，产生的裂变式效果会极大地节省流量获取成本，能够将营销的费用补贴到邀请环节上。同时，因为熟人介绍的关系，邀请过来的用户质量和转化率都会远高于渠道投放。基于社交关系的裂变可以分成两类：一类是单方获益，如只有发出邀请者可以拿到一定的奖励；另一类是双方获益，邀请者和被邀请者都能得到一定好处。裂变成功有两个关键因素，一是用户的分享意愿，产品越好，用户越愿意主动分享；另一个是分享的激励，奖励越大，邀请动力越强。

微信生态系统下小程序的裂变有以下几种方法：一是基于小程序的优惠券裂变。小程序承接裂变活动后，用户可分享小程序给好友，若好友填写了基本信息，用户和他的好友都可以获得优惠券，好友领取了优惠券也可能成为新用户。二是基于小程序的游戏裂变。小游戏设计分享场景后，用户可分享给一定数量的好友。通过好友的助力，用户可以获得游戏相关的生命值、补给等各类奖励，也可以借此拉动好友加入小游戏，扩大裂变范围。如某款游戏，设置让用户完成收集金币的任务，其中分享给好友就能获得 2 倍奖励，这就是游戏拉新的方式。

裂变的方法还有很多，如海报裂变、社群老带新裂变、超级推广员裂变（类似分销返利）。服装行业的商品讲究搭配，用小程序让用户分享搭配，一键生成海报分享至朋友圈，海报中的小程序码，对品牌方来说能实现朋友圈裂变；基于社群的裂变则可以让社群老用户邀请好友入群，在社群内部组成 3—5 人的小团体获得优惠券或者低价购买的权利；商家通过推广员、分享员的招募活动，让用户加盟成为超级推广员，该用户分享商品给好友，好友完成转化即可获得返利。裂变的方法要依赖平台的规则，在实际操作时一定要时刻留意平台的相关规范。

（2）激活

企业一定要明白，拉新来的用户不一定就是你的用户，只有体验到产品的核心价值并产生认同感的才是你的用户。激活是一种行为，它的作用在于让用户快速了解产品的功能及其核心价值。这种行为一定是依据企业的运营目标精心设计过的，比如，Facebook 的激活动作是让用户在 7 天内加 10 个好友，微信读书的激活动作是记录下你一周内的阅读时长。

在微信生态里，为了激活并提升留存率，最常用的就是互动的方法，通过活动或内容持续激发用户的兴趣和新鲜感，以此留住用户、激活用户、增加黏性。如社群互动性强的话题和活动，小程序的新玩法，公众号的有奖互动、换购活动等。

社群互动话题/活动：商家在社群运营的时候，可以定期设计一些与商品或行业结合度高的互动话题，如美妆商家的“如何科学卸妆”话题、宠物用品商家的“如何给狗驱虫”话题，由几个工作人员带动互动话题，营造交流氛围，提升社群的日常活跃度。除了话题，活动也很常见。设置有吸引力的活动激励，以此提升用户的参与度和活跃度。比如有 10 个用户晒图，群主就可以在社群发红包或者抽奖。

小程序新玩法：商家的小程序可以结合新技术、新玩法，为用户带来新鲜感。比如美妆商户的 AR 试妆，可以让用户开启前置摄像头或者上传照片，就能够看到效果，完成线上试色。商家还可以给用户提供小程序礼品卡送给好友，为用户带来新鲜感。

小程序互动社区：美妆、珠宝、电子产品能够营造较强的分享场景，商家可以基于小程序建立分享社区，供用户晒图、晒单或者提供一些使用测评，而其他用户能够点赞、评论，建立互动社交的平台，以此促进用户活跃和留存。比如某美妆品牌有一个与用户的互动专区，其中包含了四种互动方法：一是回收用户的产品空瓶，粉丝可以赢得用户积分；二是专属美容顾问，引导用户去线下门店进行美容咨询；三是专属粉丝圈，用户在小程序里发产品购买和使用的笔记，打造基于小程序内部的内容社区；四是专属秀场，鼓励用户在小红书、微博、微信发布笔记等内容，参加品牌活动。

公众号交互式内容：交互式内容是一种内容形式，泛指访客或用户可以操纵或互动的内容。品牌可以在公众号的推文中设计一些有奖互动环节，提升文章的打开率和留言量。交互式内容可以提高用户的参与度，让文章变得有趣和更有用，使读者在内容上停留更长时间，从而提高搜索排名，最终形成正向循环。常见的交互式内容类型包括单击触发的图形动画、问答测试、独立应用程序和交互式地图。

（3）留存与用户生命周期

大多数企业都把时间、精力以及预算投入在拉新环节上，对用户留存不太关注，导致用户增长建立在持续不断地获取新用户上面，一旦停止新用户获取，增长就会陷入停滞。企业除了要搭建新用户获取渠道，更要做好用户留存、转化、复购等环节，只有这样才可以降低用户获取成本。在实践中，常借用用户生命周期模型分阶段对用户进行系统运营。用户生命周期大致可以分为五大阶段：新用户期、成长期、成熟期、衰退期、流失期，每个阶段的运营重心都不一样。

在新用户期，完成首购 。新用户的界定绝不是一个时间节点，而是一个过程，需要从购买金额、购买次数、购买品类、购买时间间隔等多个维度引导用户认知品牌/平台。对于新用户，最应该做的就是设计激励机制，缩短用户购买的时间间隔，提升用户的交易次数。新用户至少有两种类型：一类是品牌/平台新用户，不管是单一业务类型还是多元化业务类型，用户只要完成首次交易，甚至只完成了注册便成为新用户；另一类是品类新用户，一个用户因为某一个业务注册或者对某一品牌下单交易了，不代表用户会对其他业务或品类感兴趣，因此，在品牌/平台新用户的基础上，需要重新增设一个品类新用户，即全平台中只要未购买过该品类的用户都定义为品类新用户。①

在微信生态下，对这个阶段的用户的运营方法通常是“一对一”的主动触达，通过以下几种方法，给用户适当营造紧张气氛，推动流量变现：

一是在社群里做限时促销，企业通过“一对一”的交流或按照标签分组，给用户发送限时的促销活动，将用户吸引至社群。通过社群的互动，以优惠价格的吸引力和活动时间的紧迫性，让用户之间相互带动，推动交易的完成。

二是优惠券到期提醒。品牌发送优惠券时设置有效期限，让用

① 黄天文. 引爆用户增长[M]. 北京：机械工业出版社，2017.12.

户直接领取至微信卡包，在优惠券过期前三天，微信支付会给用户推送一条通知提醒直接触达，推动用户完成转化。

三是服务通知的待支付/未添加提醒。可以给提交订单但未支付的用户、交了定金应付尾款的用户推送待支付提醒，或者给留下了手机号，但未添加企业微信的用户发送短信提醒，通过服务通知来达到转化的目的。

四是朋友圈/小程序/公众号的触达。品牌可以用朋友圈的图文、小程序弹窗、公众号菜单会话等多种方式，对用户进行“一对一”的触达。尤其是小程序弹窗，在用户刚启动小程序时，马上提供发券、限时活动等弹窗通知，有利于促成转化。

在成长期，刺激复购。1 次复购，留存率提升 30%以上；5 次购买，留存率提升至 60%以上。这是提升留存的魔法数字。比如，有家卖卤菜的小店推出了会员卡，充值 200 元送 50 元。店老板要求员工定向推荐会员卡，这里的定向指的是“单次消费超过 50 元，但没有办卡的消费者”，这类消费者充值会员卡后，相当于当日消费免费，卡里还剩余额 200 元，另外还可享受其他会员福利。这时候推荐会员卡成功率很高，而且顾客还觉得商家在帮他/她省钱。为什么是“充 200 送 50”？背后就是用到了“5 次购买变忠诚”的定律。

在成熟期，提升客单价和交易频次。这个阶段运营的重点是提升用户客单价和交易频次。线下店铺提升客单价通常有两种方法，一是满减活动，二是捆绑销售。满减活动有四种，即满额减钱、满额打折、满件减钱、满件打折；捆绑销售有两种，即组合捆绑（如咖啡店的咖啡搭配蛋糕有优惠价格）和定价捆绑（如化妆品的限量礼盒套装）。而线上店铺提升客单价和交易频次的核心逻辑是在做好用户成长体系的基础上，用更多元的场景提升购买频次，用更丰富的品类实现交叉购买。

这个阶段具体的运营动作大致有六个：一是建立用户成长体系和激励机制，提升用户造访频次，如签到送积分、完成21天打卡返钱。二是深耕供应链，提升供给能力。对一家企业来说，产品也要有矩阵，不同品类要扮演不同角色，提供不同价值。只有这样才可以用丰富的产品品类和商品种类，满足不同用户在不同价格区间的购买需求。三是跨品类交叉购买，如买口红给用户眼影消费的折扣券。四是增加购买频次，包括设计丰富的购买场景、做好关联推荐（如电商常用的“猜你喜欢”）、定期促销活动。五是提高用户客单价，主推产品向高单价迁移。在微信社群里，商家可以根据社群用户的特征，配合产品的内容营销，尝试将主推产品慢慢向高单价迁移，如从推荐单价不到一百元的美妆产品到主推单价超过两百元的护肤产品。六是异业合作。商家可以结合社群用户的喜好，与大多数人感兴趣的产品进行异业合作，着重考虑选择单价比自家商品略高的产品。比如，产品均价不足一百元的美妆品牌，与美瞳、直发梳等品牌进行异业合作，将用户消费的产品均价提升到二百元以上，推动消费结构升级。

在衰退期，及时发现，做好挽留。建立有效的用户流失预警、分析和挽留工作机制，不仅有利于分析和掌握流失原因，提高服务质量，还有利于细化营销管理体系。常见的挽留方法包括用定制化、个性化的产品挽留用户，利用价格提供优惠以及提供温暖的服务（如上门拜访）。

在流失期，定义问题、确认类型、诊断召回。企业在发展过程中新老用户交替不可避免，所以一定会存在流失用户。流失用户的比例和变化趋势能够反映企业保留用户的能力、业务经营的状态以及未来的发展趋势。老乡鸡品牌在用户的流失和召回方面做得不错，打通了沉淀的用户消费数据和企业微信的标签体系，从而实现了千人千面的精准推送。当一个顾客 60 天未进店消费时，他就会被打上“沉睡客”的标签，老乡鸡试着圈选了 10 万个沉睡顾客，向他们推送了一次问候消息，并顺势送出了一张“老友券”。首次尝试精准唤醒的回报就是零成本找到的 10 万用户有了 5%+的转化，这些沉睡用户在收到了“老友券”的 3 天后在门店创造了 12 万元的流水，其中有一部分用户保持着后续消费。①

2. 盘活老客：你的业务需要做用户成长体系吗

用户成长体系早已融入我们的生活：

早上上班用滴滴出行 App 打车，显示前面有 5 个人在打车，需

① 老乡鸡如何留住顾客？[EB/OL]. 搜狐网，2021-05-08.

要排队，想着赶时间，用 App 里的积分兑换了优先派单权，马上被接单；

中午午餐时间来到一家西式餐饮店，用积分兑换了一大杯果汁；

午休时看中一双高跟鞋，各大电商平台比价之后，还是某平台会员折扣力度大，毫不犹豫地在这个平台上下单；

晚上追剧，爱奇艺、腾讯 VIP 直接跳过广告，还能免费看最新的电视剧和电影，真过瘾；

睡前玩一把《王者荣耀》游戏，今天状态不错，拿下 MVP 升到了钻石段位，赶紧发朋友圈炫耀一下。

这些都是用户成长体系的具体运用。站在企业的角度，用户成长体系有时也简称为会员权益体系、积分体系等。

一个好的用户成长体系是以产品为核心，以帮助用户解决更多需求为原点，让用户从产品中实现自我满足的需要。用户成长体系是将用户行为以积分、经验值、成长值、等级等方式数值化，以此作为判断用户活跃度、忠诚度、贡献度的标准，通过物质或精神的激励调节用户行为，促进用户成长，从而实现企业增长的目的。① 但不是所有业务都需要搭建用户成长体系。对于企业来说，用户成长体系的搭建和运营是很复杂的工程，有许多需要注意的地方，做不好容易适得其反，甚至被用户弃用，如百度网盘的非付费会员限速

① 黄天文. 引爆用户增长[M]. 北京：机械工业出版社，2017. 12.

下载，一直被用户诟病。

有两类的业务不需要建立用户成长体系：一类是高频、刚需的业务。这类业务无须做用户激励，只要产品够好，用户就会爱不释手，如微信。还有一类是低频的业务，一生只用一次或几年才用一次，如婚庆、葬礼、毕业典礼等相关服务和商品。外卖业务需要做会员体系吗？外卖是典型的刚需、高频但毛利低的业务，并且用户结构的“二八法则”不明显。同时，用户对外卖配送的需求简单，最低要求是准时、汤汁不外洒等，外卖业务能为会员提供的差异化服务很少。虽然目前外卖平台上有不少看似是会员享用的付费产品，但它更像是“红包券”的售卖方式，属于外卖业务中的用户补贴范畴。所以，外卖平台暂无严格意义上的会员体系产品。

搭建用户成长体系的直接目的是对用户进行分级运营、分群运营，为不同级别、群体的用户提供差异化服务、产品。搭建的具体办法有：

一是做好用户分级。资源永远是有限的，如何将有限的资源投入最有价值的事情上，实现资源价值的最大化是每个企业发展的重要课题。通过用户分级，按照用户的贡献度区分用户，匹配相应资源，以实现投入与产出的价值最大化。尤其是高价值用户，需求呈现个性化、多样化、差异化的特征，企业需要提供个性化或定制化的产品或服务。个性化和定制化就意味着很难标准化、规模化，也意味着成本会更高。比如，有的企业把用户粗分成四类：重要客户（大致占比1%）、主要客户（大致占比19%）、普通客户（大致占比30%）和长尾客户（大致占比50%）。其中，重要客户和主要客户构成了企业头部20%的核心客户，他们贡献了企业80%的利润，是企业的重点运营目标。只有做好用户分级，区分出用户的不同价值，才可以放心地倾斜资源。

二是服务好头部用户。小部分用户贡献大多数利润，这是普遍现象。某些行业甚至是10%的客户贡献了90%以上的利润，如金融行业。对贡献了较多利润的这一小部分用户可以以不同的用户级别对待，配以特殊福利。

三是促进低价值用户向高价值用户转化，直接放弃无法转化的低价值用户，或减少投入。筛选出有价值的用户，将资源倾斜到这部分用户进行重点运营，刺激低价值用户不断成长。

在实际运营中，企业在建立了用户成长体系后，要明确核心目标：到底是想提升普通客户的消费频次、活跃度，还是为20%的大客户提供差异化服务。一定要有侧重点。比如，高星级酒店运营的重心永远是10%—20%的大客户，这批“高净值”客户对价格的敏感度相对较低，更看重酒店的硬件设施、设计感以及服务的差异化。全球高星酒店集团都在不计成本地为大客户创造拥有感、价值感，营造损失感。这里的“损失感营造”是有意而为之的，有时很奏效，因为不少高阶会员会担心哪天失去了会员身份，就享受不到优先的服务，如免费升级成套房、进入行政酒廊专属区域、免费双早、24小时专属管家等，这些权益都会让高阶会员对酒店品牌产生更强烈的认可感。这是高星级酒店做会员体系的核心目的，然后才是刺激更多潜在用户或中腰部用户的晋级成长。

当企业明确了用户成长体系的业务价值以及运营的核心目标，准备搭建用户成长体系时，会出现一个很现实的问题，如刚才提到的高星级酒店不计成本地服务大客户，这额外的成本是否能带回足够的效益？美国电商公司 Amazon（亚马逊）的 Prime 会员、日本茑屋书店的 T-card 会员、英国 Tesco（乐购）超市的 Tesco Clubcard 积分会员以及美国连锁超市 Costco（开市客）会员，这几家公司的用户成长体系是业界标杆。

我们说说亚马逊的案例。Prime 会员卡最大的卖点是“免费送货”，最开始很多人不理解亚马逊为什么敢这么干，但创始人杰夫·贝索斯（Jeff Bezos）很有洞见，他认为只要给消费者提供更好的体验，就能用更好的体验吸引消费者买更多的东西，从而形成飞轮效应。

让贝索斯笃信能长期赚到用户的钱的依据，除了洞见，更多的是财务数据。虽然有 Prime 会员卡可以免费送货，扣除物流成本，它的商品销售还是正毛利。而且，当用户越买越多，通过算法不断优化品类，让用户在同一订单内买更多的东西，提升单包裹货值，同步改进物流效率，最后单包裹货值越来越高，单包裹的物流成本越来越低，“飞轮”真的转了起来，而且越转越快。所以，亚马逊即使为会员提供了额外付出，但实际上还是做了一个正毛利业务，这才是它敢做会员体系、敢给会员免费送货的根本原因。

为什么航空公司也喜欢做会员体系？因为除了登机前的候机厅服务需要航空公司付出额外成本，优先安检、优先登舱这些会员体验几乎没有额外的成本。当然，航空里程的兑换有成本，但航空公司积分的兑换方法也很局限。

所以，企业拍板做积分、权益体系前一定要尽量算清楚成本结构，看看这个新业务是否有“正毛利”，千万不可看到同行在做，就盲目跟风。在实际操作层面，对于大多数企业来说，用户成长体系有两种常见形式，即权益体系和积分体系。这两套体系可搭配，也可独立运作。权益体系对应的是用户的成长值，获取成长值的入口是“任务体系”，出口是“会员等级”及对应权益；积分体系对应的是积分，获取的入口依然是“任务体系”，但出口是“积分商城”。

另外，从用户是否付费的角度，用户成长体系的产品还有一种“三分法”：

第一种类型是等级制单轨体系。这里的等级指的是以成长值、积分等用户行为指标为依据，对用户进行的分级。等级制单轨体系适用于“二八法则”（20%的用户贡献了80%的活跃度、销售额）明显的、毛利高的业务，比如，酒吧、航空公司、酒店、美妆品牌等，即20%的头部用户贡献的价值足以补贴企业为这部分用户提供额外服务、产品的成本。

第二种类型是付费制单轨体系。“二八法则”不明显、毛利低的业务可以通过让用户付费成为会员的方式提升利润，因为毛利低意味着难以弥补“提供额外服务、产品”的成本。如京东Plus会员主打省钱加服务的业务。其实，付费类型可以再次拆解，如拆解成充值型和按次消费型。

第三种类型是“等级制+付费制”双轨会员体系。针对“二八法则”明显但毛利低的业务，等级制会员体系可以让20%的头部用户进行成长，获得优先体验感，但如果低毛利确实无法弥补“提供额外服务、产品”的成本，可叠加付费模式，让利一部分毛利，补贴会员成本，降低会员定价，以一个相对合理的会员定价，维系和头部用户的关系。比如，网易云音乐的“黑胶VIP”会员，既为用户成长设计了等级制，同时又有付费的“黑胶VIP”，提供了专属曲库、免费下载、无损音质等增值服务。

不论是权益体系，还是积分体系，企业在成本可控的前提下一定要以用户为中心，提供的增值产品和服务足以让用户认可，甚至额外付费。其实无论什么做法，归根结底就两点，即给予用户更多物质层面的刺激或者精神层面的满足。

物质层面的刺激就是提供更多的实惠。所有用户都想得到实惠，让用户收益大于付出，就是最大的转化动力。从这个方面来说，价格就是用户价值的第一梯队。高价值用户享受更低的价格，这个价格对比会刺激中腰部用户成为会员。而且由于买得越多价格优惠越多，这个会员价格就会被不断稀释，用户则会认为会员价格的性价比更高，那么注册成为会员就是自然而然的事情。比如，很多美容美发店剪发的会员价格和普通客户价格可以相差好几倍，并且充值价格不同，会员折扣也不一样，充 1500 元是五折会员卡，而充 3000 元是三八折会员卡。这样对剪发要求高的会员来说，三八折的会员卡更合适。

精神层面的满足有三个方向：一是尊享身份标识。分享炫耀是人的本性，大部分用户都爱晒“尊享身份”。尊享标识的核心是营造用户间的差异性，借助差异性引导用户行为。从这个角度就很好理解微博平台为什么会开发一个功能，显示用户发微博时的手机型号。二是专享权益。权益的核心在于设置门槛，即设置会员专属的权限或功能，让用户为了获取这部分的权益而必须有所付出，如各大视频网站的会员有专属的电影资源。三是更好的服务/更高的成就。开辟专属通道、免排队、加速抢票等各种服务属于提升产品的使用体验；QQ 等级体系、游戏的会员激励等服务属于让用户获得更高的成就。

这里结合成就体系为例，分析一下用户成长体系的具体运营需要注意什么。成就体系是用户成长体系的一种，利用的是用户核心内驱力中的发展 & 成就（Development & Accomplishment），同时通过社交形式进行传播放大。传统意义上，成就体系指的是用户在完成某个或者一系列任务后，由平台或组织颁发的具有一定公信力的证明（实物或者虚拟荣誉），如吉尼斯世界纪录。市面上具有普遍公信力的业务少之又少，这就导致成就体系逐渐由传统意义上的自我实现转变为偏社交属性的虚荣满足。对于用户来说，重要的不是完成了多么复杂困难的任务，而是在于让周边的人知道并且表现出赞赏或羡慕。因此，成就体系要想做成功，其产品在具体运营中需注意的是要具有一定的社交属性，能让用户在平台内产生攀比互动的冲动。

游戏是迄今为止非常成功的社交产品之一，它能塑造出很强的人际关系，即用户可以在游戏里结交好友，找到钢铁般的友谊，一起完成任务，铸就很强的集体荣誉感，如《王者荣耀》《魔兽世界》，游戏中利用成绩、勋章等功能规划出用户的成长路径。对于企业的运营来说，一个用户行为对应多少积分、权益，多少积分可以兑换什么商品等牵扯了许多算法公式，得请专业的人来做算法这个专业的事情。

结合上一章我们讲的微信生态的SCRM，目前大多数品牌虽然打通了一些平台的会员体系，但仍然很难覆盖全平台（包括小程序商城、微店、官网、App、第三方平台、线下门店等）的全部数据。为了解决这个问题，有商家在会员小程序上开发了一个功能，让用户自己通过录入或者拍摄交易凭证，将第三方电商平台或者线下门店的订单进行同步积分。所以，用户成长体系的搭建和运营是一个“老板工程”，只有企业掌舵者下定决心，才有机会做成。至于有没有这样的必要，也要全盘综合考虑。

第六章　企业需要的数字营销人才

第一节　数字营销人才需具备的显性能力

2014年麦肯锡全球研究院（McKinsey Global Institute）提出“数字化转型”（Digital Transformation），主旨是利用数字技术提升企业内部运营效率，驱动业务流程自动化，形成企业自身特有的差异化竞争力。

随着物联网、云计算、大数据、人工智能等技术的落地和成熟，这几年国内企业逐渐走上数字化转型之路。“数字化转型”从宏观层面说，涉及供应链的上、中、下游的变革，耗费巨资，项目周期长，需要公司上下齐心协力；从微观层面说，搭建品牌的自媒体矩阵，直播卖货等也算是“数字化转型”的一角。这其实说明，内容营销也应该走数字化之路，其中数字营销人才不可或缺。所以我们这里讨论的内容营销人才以数字营销人才为主。因为数字营销对消费者的识别和营销从“人”转向“设备”，具备微观层面的精准度，同时可以帮助品牌、企业构建基于销售漏斗的流量经营体系，提升营销效率，方法得当，短期内就能直观地看见效果，树立信心。

数据营销的落地实践过程中会诞生三大资产，包括数据、运营方法论、人才。数据包括数字营销中积累的广告监测、网站分析、线下门店、CRM、社交媒体数据等，都是企业搜集到的成本最低、数据量最大以及和销售关联程度最高的数据源。而且随着时间的积累，数据量会增大，只要合理利用，企业会形成强有力的壁垒。在运营方法论方面，数字营销没有放之四海而皆准的绝对方法，一定是基于企业的实际情况，动态地调整“剂量”，从而找到适用于企业基因的最对症的“药”。这些方法论的沉淀，赋予了企业可持续发展的基本功。通过内容营销的实战，企业能够培养出对数据有深刻理解、乐于拥抱变化，并始终以“结果为导向”的数字营销人才，这也是企业不停向前的动力。

2020 年 11 月，中国广告协会和腾讯广告联合发布《2020 中国数字营销人才发展报告》，报告中指出：在宏观层面，数字经济浪潮来临，催生了数字时代新职业；在中观层面，技术驱动数字营销走向成熟；在微观层面，数字营销专业人才缺乏。2020 年互联网营销人才需求约有 1500 万人，缺口约有 1000 万人。据预测，2025 年数字营销人才缺口为 4000 万人左右。报告中还给出了“数字营销人才能力评估指标体系”，分为四大类一级指标：营销通用能力、数字营销专业能力、营销合规能力、职场通用能力。营销通用能力包含了客户管理能力、营销专业知识、行业洞察能力、方案策划能力；数字营销专业能力包含了产品理解能力、数据能力、创意能力、投放管理能力、效果优化能力；营销合规能力包含了广告法基础知识、创意合规能力、数据安全能力；职场通用能力包含了沟通能力、办公能力、项目管理能力。① 这些都是数字营销人才所需要具备的显性能力。

硅谷增长专家布莱恩·巴尔福（Brian Balfour）最早提出了数字营销人才的“能力T模型”，这个模型由一横一竖构成，呈T字形。“一横”代表了所需具备的通用知识，这些通用知识是团队配合的基石，“一竖”代表了在某一领域的精深程度。“一横”有三个层面，包括基础知识、营销基础、渠道专长。②

基本知识指的是非营销相关领域知识，不论将来你从事什么工作，这些通用知识都用得上，包括但不限于行为心理学、讲故事能力、数字分析、用户/行业调研、设计与交互设计、品牌定位等。

营销基础指的是营销相关的专业知识，通常适用于所有营销渠道的运营，包括但不限于文案写作、页面/画布设计、A/B测试、视频拍摄/剪辑、数据统计/分析、营销漏斗模型、页面搭建、体验营销等。

渠道专长指的是对一切获取用户（流量）渠道的具体运营方法，

---

① 2020中国数字营销人才发展报告[R]. 中国广告协会&腾讯广告，2020-11-20.

② How to Become a T-Shaped Marketer: What Marketing Career Growth Looks Like at Buffer [EB/OL]. buffer.com，2017-04-05.

包括但不限于商业拓展、社群管理、转化率优化、电子邮件、活动营销、内容营销、关键词优化、全域运营、渠道投放、异业合作、公关、社交媒体、病毒营销等。

布莱恩·巴尔福对数字营销人才的职业规划给出了五点建议：第一，永远保持“空杯心态”。用户需求层出不穷，渠道也一样，流行又衰亡。对于数字营销人才来说，核心能力不是写出10万+阅读量的文章、拍摄剪辑炫酷的视频，而是一直持有“空杯心态”。第二，始终在“你喜欢的、你擅长的、团队目标”三者之间找平衡。团队目标是得首要考量的，以目标为导向，再谈如何更好地释放才能，切不可封闭又自嗨。第三，培养两个以上的渠道专长，精进一门技能的复利是无限的，技多不压身。第四，建立复合式专长。数字营销人才要不停地建立混合式的专长壁垒。比如，既懂渠道投放，又能策划、落地品牌活动；既懂内容营销，同时还有开发业务的能力等。这些都是不常见的专长组合，一旦掌握，你的价值会呈几何级数增长。第五，掌握新兴渠道。掌握新兴的渠道，如AI人工智能、数据分析、客户体验式营销等。越新的渠道，越要关注和学习，当它被大范围采用时，已经掌握精要技术的你就是这个领域的领先者。

第二节　数字营销人才需具备的隐性能力

如果说显性的技能训练属于“战术上的勤奋”，即“做正确的事情”，那么隐性的能力，即思考的方式，才能攻克“战略上的懒惰”，即“正确地做事”。结合企业的实际情况，有三种思维能力是每一位数字营销运营人员需要掌握的，如果反复操练，会受益匪浅。

（1）隐性能力之一：底层思维，多问“为什么”

日本曹洞宗禅师铃木俊隆（Shunryu Suzuki）是苹果公司创始人乔布斯的精神导师，他这样诠释我们要讲的底层思维——思考什么是必需的：禅僧的生活中基本上都是必需的物和事，他没有充满鞋子的衣柜或最新的时尚衣服，他没有冰箱和橱柜来存放垃圾食物、电视或音乐播放器，他有保暖的衣物、避雨的房屋等必需的器具和工具，以及充饥的食物。我的意思不是说你应该像禅僧一样生活，但这确实提醒我们，思考我们真正需要什么，考虑拥有那些不必要的东西对我们是否真的重要。①

经常有企业负责人问，到底要不要做抖音号、小红书、B 站？先要想清楚：为什么做？不做行不行？非要做，有没有替代性方案？在企业经营中，每多做一个动作往往意味着增加成本，成本不仅是人力、金钱，还是时间、机会。所以要守住底层思维：“为什么运营××渠道？”“这些营销方式最近很火，如果要跟进，对业务增长有什么价值？”“怎么定义业务增长？”……这些关乎“为什么”的回答，始终围绕着“企业价值”展开。

---

① 铃木俊隆著，梁永安译. 禅者的初心［M］. 海口：海南出版社，2010. 6.

在工作层面，多问“为什么”有三个好处：一是和领导对齐目标。每一个内容营销人员都应该清楚：你所在的公司的盈利模式、行业竞争对手是谁、竞争优势有哪些……比如，不同化妆品类的内容营销方式千差万别，口红和面霜肯定不一样，即便是面霜也有差别，有的走商场专柜路线，有的依靠线下美容院，前者要多做 To C 的营销，而后者初期做得更多的是门店相关人员的培训、针对经销商的营销，销售渠道的不同反过来会影响营销策略的制定。所以，一定要在项目开展前期深入了解公司的现阶段目标。二是深挖用户需求。如果我们自己不是目标用户，如 To B 的业务，包括企业内部系统、专业财务产品，那么我们在做场景梳理时，肯定会有遗漏或者不符合实际业务的情况。遇到这类我们并不熟悉的业务，要尽可能地梳理和厘清业务脉络，同时也要和真实的使用者进行深入交流。三是优化业务流程。多问几个“为什么”，可以帮助我们更好地掌握业务逻辑，明确运营的重心，更高效地优化业务流程。比如，一家刚进入中国大陆的瑞士高端母婴洗护产品品牌，因为营销预算有限，营销的首要目标一定是“搭渠道、冲销量”，在市场上站稳脚跟，绝不是要把有限的预算全部给了明星代言。

（2）隐性能力之二：终局思维，以终为始

如果一个项目周期很长，有可能做着做着就偏离了最初的设定，而终局思维就是在做一件事的过程中，始终思考这件事最终要达成的目标，站在未来看现在，修正当下正在做的事情，即以终为始。

终局思维看上去很简单，就是要有目标，但实际上要完全做到非常不容易。因为目标有大目标，小目标，长期、中期、短期目标。宏观层面的目标通常是公司的整体目标，甚至是企业的使命和愿景；中观层面的目标是组织、团队前行的方向；微观层面的目标是个人为之努力的动力。目标绝不等于 KPI（Key Performance Indicator，关键绩效指标），KPI 只是一种管理手段，和目标的含义相去甚远。

不论是企业领导者还是内容营销人员，都应坚持“目标导向”。所谓的目标是一种理想状态，目标导向包含两个关键因素，即方向和标准。方向是说清楚为什么把×××设为目标，标准是怎么评价你做的事情的好坏。举个例子，为什么阳澄湖大闸蟹那么有名，可几乎没有用户能说出几个阳澄湖大闸蟹的品牌名？是传统企业人不重视品牌营销，还是缺乏人才？如果你是某家阳澄湖大闸蟹企业的营销负责人，你会怎么定目标？其实最应该思考的几个问题是“为什么一直以来都没有出现大闸蟹的知名品牌”“背后原因是什么”“老板让我接管营销，是真的希望我做品牌吗”等。

循着这个思路不停地反问，你会发现答案极有可能是：老板找我做营销，并不是真的希望我去打广告、做品牌，而是希望我利用社交媒体、电商平台做线上销售增量。至于为什么大闸蟹有品类无品牌，谜底也许是：过去有正宗货源的大闸蟹企业做的是 To B 的生意，销量有很大一部分依赖出口，并且供不应求，业务靠需求驱动，渠道的质和量会超乎产品品牌本身。另外，大闸蟹这个品类极具时令性，食用的最佳季节只有那三个月，对于用户来说是基于尝鲜的心态，而并非刚需。但是品牌的建设与管理是靠经年累月的积累和沉淀，在吃不到大闸蟹的九个月里，就算企业有品牌，也没有产品可卖。当然，如果这家企业做的是大类目的生鲜产品，除了大闸蟹还有许多其他的水产品，那么就得另当别论。

明白了“为什么”之后，就要思考解决核心问题的路径有哪些，是否有替代性方案。比如，在上述例子里，我们已经大致明确要用社交媒体、电商平台做销售增量，那么继续往下拆分：社交媒体如何辅助销售？是做直播带货、KOL 内容合作，还是干脆自己组建小团队拍抖音？电商平台选择哪家？要不要做社区团购？……这些问题都是基于明确的方向做更进一步的拆分。最后，选出一条清晰的解决路径。结合上述例子，经过综合考量，这条解决路径是：2021 年属于“试水期”，在电商平台方面，产品上架“一条”等垂直电商平台，同时进行内容的合作推广；在社交媒体方面，用销售分成的形式与微博大 V 进行内容合作。路径清晰后，设定目标才有意义。

有了方向后，要开始“定标准”，先定性，再定量。定标准就是评价这件事做得好还是不好。先定性就是说清楚这件事怎么样算做得好，如用户体验提升了、效率加快了、质量变好了、销量变多了。然后再去定量，如用户体验提升，这个“提升”怎么来衡量？定量的部分会涉及三个指标，即结果指标、过程指标、配对指标（用于约束结果指标的参考指标）。还是回到原点，你所属的企业为什么要做内容营销，希望达成的业务价值到底是什么？如果偏声量营造，这些指标可能偏结果指标；如果和销量挂钩，这些指标则是过程指标。

归根结底，终局思维就是把目标清晰化、方向化、标准化的方法。具体执行时，一定要定一个比常规认知更高的目标，这样才能突破原有思维，寻求业务增长。如果总是延续过去的成功经验，依赖自然增长，没有找到新的增长点，则容易走着走着就输了。

（3）隐性能力之三：对标思维，掌握标杆学习法

如果说多问“为什么”是想清楚出发的理由，“目标导向”是明确前行的方向，“对标思维”就是行进路径上的避坑指南。所谓的对标思维，就是选取与你业务及业务模式相关的公司进行对标，知晓哪些公司在这些领域做得好，好在哪里，如果企业也想达到那样的状态有哪些可实践的路径方法。

标杆学习法起源于20世纪70年代末80年代初，时值美国学习日本的浪潮，由美国施乐（Xerox）公司首创。施乐公司从生产成本、周期时间、营销成本、零售价格等领域中，找出一些明确的衡量项目和标准，然后将自己与日本的主要竞争对手进行对标，弄清优秀企业的成功之道，找出差距，全面调整经营战略和战术，不仅改进了业务流程，还很快取得了明显的成效。标杆学习法体现了现代知识管理中追求竞争优势的本质特性，具有巨大的实效性和广泛的适用性。

根据学习目标的不同，标杆学习可以分为以下三种类型：内部标杆学习，即找出内部最佳绩效部门，通过比较，找到组织内不同部门或者单位之间涉及产品品质、获利能力或满足顾客需求能力的最佳点；竞争型标杆学习，即对竞争对手进行持续性的调查与分析，然后与自己进行比较，取长补短，调整战略和战术；功能型标杆学习，即企业跳出行业或区域局限，放眼观察其他产业领导者的作业方式，分析他们取得成功的原因。来自产业外界截然不同的观念与做法，会激发企业进行创新性的突破。

所以说到底，标杆学习法有两个关键点：第一，找标杆；第二，学标杆。在实际操作中，前者的难度高于后者。找标杆时，要清楚想解决业务发展过程中的什么问题，寻找的方法如上所述，可以从企业内部、同行、跨行进行寻找。在学标杆的阶段，明确对方优势在哪里以及企业与对方的差距。

第三节　数字营销时代，如何打造个人 IP

IP 是 Intellectual Property 的缩写，各种智力创造比如发明、外观设计、文学和艺术作品，以及在商业中使用的标志、名称、图像，都可以被认为是某一个人或组织所拥有的知识产权。

互联网时代，IP 有更多引申义。“个人 IP”跟个人品牌，甚至大家常说的达人、网红等有重合的地方。在数字化的内容营销中，打造个人 IP 是一个非常有效的方法。说到底，这件事就是帮助自己或者个人所属企业变得有名。“名”是一种势能，也是影响力，直接结果是有机会让个人“自带流量”，进而实现商业化。

打造个人 IP，我们依据行为动机的不同，分成弱目的性和强目的性两种。弱目的性类似“兼职”，如用社交媒体记录美好生活，包括读过的好书、吃过的美食、喝过的美酒、看过的电影、励志的工作心得等，他们甚至没有认真想过个人 IP 这件事，只是单纯地爱好分享，渴望结识一群志同道合的朋友，没有什么预设的结果。而强目的性类似“全职”，不仅要能持续生产内容，还要懂平台规则，有粉丝运营能力，甚至还得有很强的商业战略思维，一开始就清楚流量变现路径。

打造强目的性的个人 IP，至少需要三个核心能力，即内容生产、数据运营、商业化。如果给这三个核心能力的重要性排序，则是商业化>内容生产>数据运营。把商业化排在最前面是典型的终局思维，即想清楚你要达到什么状态、实现什么目的，然后再探究实现的路径。

依靠“个人”或者“个人 IP”最常见的商业化方法有四种：有数量可观的忠实粉丝，依靠自身影响力接广告；社交变现，比如直播打赏、有偿参加活动；知识付费，输出系统的有价值的内容变现；直播带货，货可以按是否掌握货的定价权再拆分。能掌握定价权的通常是企业而非个体，所以很多大公司的 CEO、核心高管亲自下场直播带货，先不论他们带货的结果如何，但他们在商业化环节的确有天然优势。

五年前任何内容只要有流量就容易接到广告，实现变现。但现在平台越来越丰富，达人越来越呈现出专业化、行业垂直化的特征，泛情感类的流量的商业价值很低。所以，如果只靠流量接广告达到商业化变现，可持续性很一般，也违背了个人 IP 的精髓。打造个人 IP 就是在做个人品牌，底层逻辑是事先掌握了某个好产品（如专业知识、技能），然后持续沉淀、累积无形资产。

2020 年中，互联网营销师被列为新型职业，人社部将其定义为“在数字化信息平台上，运用网络的交互性与传播公信力，对企业产品进行营销推广的人员”，电商主播、短视频博主均被纳入其中。这个行业覆盖用户规模达到 8 亿以上，从业人员数量以每月 8.8%的速度快速增长。2020 年第三季度该行业对于应届生的招聘需求同比、环比分别增加了 349%和 300%。[①]

上述数据说明市场对数字营销人员的认可。但是从另一个方面看，如果是零基础，出于个体的强目的来打造“个人 IP”，成功率并不高。大家看到的成功案例，如年糕妈妈、××测评、××说车等，哪一个不是在各自领域沉淀多年，拥有了专业认知、成熟团队和优质的货源才成功的！我们从企业和业务的角度，即默认拥有核心产品的前提下，探讨什么业务需要持续塑造个人 IP：第一种是讲究专业

① 从事“新个体”也是真就业（新个体·新就业）[EB/OL]. 人民网，2020-07-28.

且容易形成“用户追随现象”的服务型业务，如医生、教师、律师。但这些职业属于公职人员，布局个人 IP 时一定要综合多方因素考量。第二种是靠势能持续驱动的品牌。这类品牌通常属于高端产品，创始人把自己的精神内核注入其中，如苹果公司的乔布斯、特斯拉公司的马斯克，他们往往塑造出精神领袖的形象，用近似艺术的手段引领趋势。第三种是寻求分销、代理的业务。目前有很多商品都用这种方式。

我们之前提到过品牌建立的四个步骤，即明确产品的用户价值→确认品牌定位并让用户知晓→提升用户对品牌的信任→沉淀品牌资产。在打造个人 IP 时，可以以这四个步骤作为参考。

第一步，明确你的产品和它的用户价值。比如，你是一名医生，你的产品是你的专业，品牌来自你的专业技术。利用各种渠道，在行业内外传播你对这个领域的专业见解和认知，进而影响更多人注重健康。但如果你所从事的业务过于普遍，像开餐厅、酒吧，那其实是“卖氛围”的服务型业务。作为老板，你至少可以有两条线来布局个人 IP：一是对餐饮市场的认知和理解。这可以逐步帮助你在餐饮行业树立形象，同时提升加盟商的信心。二是走个性气质路线。向客人传播“这家店的老板太有意思了，哪怕冲着老板也要去一次”的营销卖点，比如在抖音平台上不少酒吧老板一边调酒一边分享故事，赢得更多的粉丝和客户。打造个人 IP，千万别把自己做成一个百事通，好的个人 IP 应该聚焦力十足，这样才容易塑造影响力、扩大销售力。

在打造个人 IP 时，除了与业务相关，更重要的是要始终站在用户角度，想想自己为他们提供了多少额外的价值，这样有利于把个人 IP 具象化。比如，儿科医生最常打交道的是宝妈宝爸，这类群体除了需要医疗健康知识，还需要安抚他们因缺乏经验而不知所措、焦虑慌张的情绪。而治疗慢性病的医生，他们面对的患者多为中老年人群，这类患者不仅需要知道疾病日常防护，而且对于治疗手段、治疗费用等都比较关心。

第二步，确认定位并让用户知晓。明确你的“一技之长”后，可以用管理学大师彼得·德鲁克提出的 SMART 原则找出个人 IP 的定位：明确性（S=Specific），比如成为某个领域的 KOL，越具象越好；衡量性（M=Measurable），如何衡量它的阶段性成果，尽量把成果量化；可实现性（A=Attainable），通过什么途径去实现，实现的过程中需要哪些准备；相关性（R=Relevant），路径上的所有动作都要高度符合你设定的目标；时限性（T=Time-bound），给出明确的截止时间，有了时间约束，压力就会变成动力。

“明确性”这一点的优先级最高，个人 IP 定位的关键是越垂直细分越好。比如，有个企业家的业务是曲面印刷，面对的是 B 端大客户，为了提升行业地位，她在行业内一直努力打造个人 IP，定位是“拥有自主知识产权，最懂曲面印刷技术的女企业家”，再配上其朴实的形象，就是一个自带“戏剧张力”的定位。

有了定位之后，要选择对应的渠道，让更多的人知道你的存在。好渠道在精不在多。如果你的定位与 To B 业务相关，就要优先考虑垂直行业发声，如行业峰会、传统媒体。如果选择新媒体渠道，也要选择与垂直行业相关的渠道。如果定位与 To C 业务相关，可以筛选大流量的社区平台，先专攻一个渠道。比如，你的定位是“个人形象不错，DIY 婴儿辅食高手的宝妈”，小红书就是不错的选择。

第三步，提升用户对“个人 IP”的信任。为了让你的“个人 IP”更具有信服力，而非自说自话的一家之言，个人 IP 也要拿到“信任状”，并且这是一件需要长期持续的工作。最常见的方法有行业大会上的发言、定期参与公益性项目塑造良好的公益形象、获得相关荣誉证书、以专家人设跨行业交流等。

第四步，沉淀个人 IP 资产。要成功打造个人 IP，除了要有内容生产能力，还要有用户运营能力。这里的用户即你的客户、读者、观众、代理等，当你吸引到这些人之后，如何让这些人从关注你、信任你再到传播你的产品、消费你的产品，是这一步需要做好的。从用户获取、用户留存（搭建个人 IP 的私域载体）、用户激活/互动、用户的分群/分层运营、用户推荐等环节逐一精细化运营。只有这样个人 IP 资产才有可能实现持续商业化。

打造个人 IP 是一个动态调整的过程，只有不停地测试，才有可能找准你的定位。你的定位最终会成为什么样，用户的决定往往起到很大的作用。内容营销中的内容生产也是一样，到底是 100% 原创，还是可以借鉴爆款？在实际操作层面，你得学会摸清爆款为什么会成为爆款，懂得模仿，才可能最终形成自己的风格。最后，当你的个人 IP 与公司业务强相关时，在某种程度上你是在给公司站台，因此如何做好企业公共关系管理、危机处理等，也是打造个人 IP 的必备能力。